海派文化丛书

上海“海归”

施　雨著

文匯出版社

编委会

总序

在中国所有的城市中，没有也不可能有两个城市是完全相同的，每个城市都有各自的特点和个性。上海，无论是城市的形成过程、发展道路，还是外观风貌、人文内蕴，抑或是民间风俗习惯等，都有鲜明的特点和个性，有些方面还颇具奇光异彩！

如果要我用一个字来形容上海这座城市，我以为唯独一个“海”字，别无选择。

上海是海。据研究表明，今上海市的大部分地区，尤其是市中心地区，在六千多年以前，尚是汪洋一片。随着时间的推移，长江的奔流不息，大海的潮涨潮落，渐渐淤积成了新的陆地，以打鱼为生的先民们开始来这一带活动。滩涂湿地渐长，围海造地渐移，渔民顺势东进，于是出现了叫上海浦、下海浦的两个小渔村，由此迅速发展起来。到南宋咸淳三年（1267年），在今小东门十六铺岸边形成集镇，称上海镇。后于1292年正式设置上海县，县署就在今老城厢内的旧校场路上。一个新兴的中国滨海城市就这样开始崛起。所以我认为，上海可以说是一座水城，上海是因水而生，因水而兴，水是上海的血脉，水是上海的精灵。直至今日，上海的地名、路名依旧多有滩、渡、浜、泾、汇、河、桥、塘、浦、湾……这都在向人们证明，是水造就了上海这座城市。

海洋是美丽而壮观的。约占地球表面总面积的70.8%是海洋水面，如果称地球为“水球”也不无道理。海洋是广阔而有边的，是深而可测的。“日月之行，若出其中；星汉灿烂，若出其里。”海洋是生命的摇篮，是资源的宝库……任你怎样为之赞美都不会过分。

海在洋的边缘，临近大陆，便于和人类亲密接触。我国的万里海疆，美丽而且富饶，被誉为能量的源泉、天然的鱼仓、盐类的故乡，孕育着宇宙的精华，激荡着生命的活力……任你怎样为之歌唱都不会尽兴。

上海是海。是襟江连海的不息水流造就了上海，更是水滋养了上海，使这座城市孕育了以海纳百川、兼容并蓄为主要特征的海派文化。可以说，没有水就没有上海，就没有这座迅速崛起的滨海城市。没有海派文化的积极作用，也就没有上海的迅速崛起和繁荣发达。今后，上海的发展还要继续做好这篇水文章，充分发挥自己的优势和特点！

上海是海。上海人来自五湖四海，是中国最大的移民城市，是典型的近代崛起的新兴城市，不同于在传统城市基础上长期自然形成的古老城市。1843年开埠以前，上海人口只有20多万，经过百年的发展，人口猛增到500多万。据1950年的统计，上海本地原住民只占上海总人口的15%，移民则高达85%。上海的移民，国内的大都来自江苏、浙江、安徽、福建、广东，国际的虽来自近四十个国家，但主要来自英、法、美、日、德、俄，其数量最多时高达15万人。在一个多世纪中，上海大规模的国内移民潮有如下几次：

太平天国期间，从1855年到1865年，上海人口一下子净增了11万。

抗日战争时期，特别是孤岛期间，仅4年时间，上海人口净增了78万。

解放战争期间，三年左右，上海人口净增了208万，增势之猛，世界罕见。

改革开放以来，上海产生了新一波移民潮，人口增长势头也很猛，现在户籍人口已经超过1 800万，此外，还有外来务工人员600万。每年春运高峰，车站码头人山人海、人流如潮，是上海一道独特的风景。

上海是海。上海的建筑素有万国博览会之美誉，现在是越来越名副其实了。有人说建筑是城市的象征，是城市文化的载体；也有人说建筑是凝固的音乐，是城市的表情。依我看，上海的城市建筑是海派文化的外在形象体现，无论是富有上海特色的石库门里弄房屋，还是按照欧美风格设计建造的各式各样的建筑，包括集中于南京路外滩的建筑群，和分布于各区的多姿多彩的别墅洋楼，诸如文艺复兴式、哥特式、巴洛克式、古典主义式……现已列入重点保护的优秀历史建筑就达300多处，或者是后来建造的如原中苏友好大厦等，都在向人们无声地讲述着丰富而生动的历史人文故事，演奏着上海社会发展进步史上的一个个乐章。

上海是海。上海人讲话多有南腔北调，还有洋腔洋调。中国地域广阔，方言土语十分丰富。56个民族，都有本民族的语言。上海这个迅速崛起的移民城市，人口的多元化，自然带来了语言的多样化，中国各地方言和世界各国的语言大都能在上海听到。

上海是海。上海人的饮食，可谓多滋多味，菜系林立，风味各异，川帮、广帮、闽帮、徽帮、本帮……应有尽有；西菜、俄菜、日本菜、印度菜……数不胜数。

上海是海。上海的戏剧舞台百花争艳，京剧、昆剧、越剧、沪剧、淮剧、歌剧、舞剧……剧种之多，阵容之齐，在国内数一数二，在国际堪称少有。浙江嵊县土生土长的越剧在上海生根开花，走向全国；而上海土生土长的沪剧则别具一格地将莎士比亚的《罗密欧与朱丽叶》、王尔德的

《少奶奶的扇子》改编成功……

上海确实就是海!

海派文化姓海。

海派文化不等于全部上海文化,而是上海文化独特性的集中表现。

姓海的海派文化,是我们中华文化的一部分。中华文化是我们中华民族之魂。中华文化历史悠久,博大精深,就像一棵根深叶茂、顶天立地的大树,巍然屹立,万古长青,枝繁叶茂,这树的主干在北京,树根深扎国土,树枝则是伸向祖国各地各民族的地域文化和民族文化。有一种说法耐人寻味:看中华文化五千年要到西安去;看中华文化两千年要到北京去,看近百年来中华文化发展要到上海去。当然,比喻总是蹩脚的。

姓海的海派文化,是伴随着上海这座典型的移民城市的崛起而形成和发展的,来自江苏、浙江、安徽、广东、福建……的移民带来了当地的民族民间文化,在上海相互影响,有的彼此融合,有的相互排斥,有的自然淘汰,经久磨合而逐渐形成新的文化形态。因此,海派文化是吸纳了国内各地民间文化精华,孵化生成具有鲜明上海地方特色和个性的独特文化。

姓海的海派文化,是受世界文化特别是受西方文化影响最多的中国地域文化。1843年上海开埠以后,西学东渐,海派崛起,云蒸霞蔚,日趋明显。随着西方物质文明的输入,如1865年10月18日在南京路点亮第一盏煤气灯,从此上海有了“不夜城”之名;1881年英商自来水公司成立,次年在虹口铺设水管,开始供水……东西方人与人、文化与文化整体接触,尤其是租界上“华洋杂处”、“文化混合”,虽然于我们是一种无可奈何的选择,但客观上却是引进西方文化早而且多,使上海成了“近代化最成功的地方,市民文化最强大的城市”,往往统领风气之先。

姓海的海派文化，是随着上海发展而发展的，是客观存在，有客观规律，我以为大体可分为这样几个时期：

萌芽时期：1843年上海开埠以前，中华传统文化特别是吴越文化，为海派文化提供了基础，开始孕育海派文化。

成长时期：1843—1949年期间，特别是20世纪三四十年代，上海"八面来风"似的国内外移民，哺育了海派文化的成长。

转折时期：这又可以分为两段：1949—1965年间，建国以后，定都北京，商务印书馆等文化单位迁往北京，以郭沫若、茅盾、叶圣陶、夏衍、曹禺为代表的上海文坛骁将率队陆续迁居北京，上海在电影、文学、戏剧等诸多方面不再是中国的文化中心，这是很正常的转移。上海虽然不再是中国的文化中心了，但文化基础很好，依然作用不小，有些方面如电影、小说在全国的影响还是很大的。这也给海派文化带来了新的发展机遇。1966—1976年，"文化大革命"十年浩劫，整个中国文化，包括海派文化，遭受了毁灭性的破坏，罄竹难书。

成熟时期：1976年，笼罩祖国天空的阴霾一举扫去，阳光重新普照大地，结束长达十年的浩劫，开始拨乱反正、改革开放新时期，在全中国范围对"文革"进行反思，进行平反冤假错案，逐步恢复正常的文化活动。上海以话剧《于无声处》和小说《伤痕》为起点，海派文化开始新的阶段。在党的十一届三中全会精神指引下，上海再次成为东西方文化交流的中心，海派文化重新焕发青春，健康发展，在新的基础上正在走向成熟。

当前，海派文化面临着新的机遇和挑战，存在这样那样前进和发展过程中难以避免的问题和弱点，这是要引起重视并认真对待的。

姓海的海派文化，有哪些基本特点呢？我以为主要有：

一是开放性：海纳百川、有容乃大，为我所用，化腐朽为神奇，创风气之先河。不闭关自守，不固步自封，不拒绝先进。

二是创新性：吸纳不等于照搬照抄，也不是重复和模仿人家，而是富有创新精神，洋溢着创造的活力。当年海派京剧的连台本戏、机关布景是创新，如今的《曹操与杨修》也是创新，金茂大厦则是在建筑文化方面的创新。

三是扬弃性：百川归海，难免泥沙俱下，鱼龙混杂，尤其在被动开放时期，特别是在"孤岛时期"，租界内某些殖民文化的影响也不能忽视，需要加以清醒地辨别，区别对待，避免盲目和盲从。

四是多元性：海派文化和其他事物一样，具有综合性，是复杂的体系，不应该要求纯之又纯，水清无鱼，那就不成其为海派文化了。雅与俗，洋与土，阳春白雪与下里巴人相容并存，以致落后、低级、庸俗、黄色、反动文化，在以往那特定历史时期，也夹杂其间，怎么能用这些来对今天的海派文化说事呢。

五是商业性，海派文化在不同历史时期和不同政治、经济、社会环境中，其适应市场的商业性都有不同的表现。上海人往往对国内外市场行情具有敏感性，适应市场变化的能力比较强，有些从事文化艺术工作的人士，也比较有经济头脑和市场意识。

我认为，海派文化的"派"，既不是派性的派，也不是拉帮结派的派，更不是其他什么派。千万不要"谈派色变"，也不必对"派"字讳莫如深，远而避之，切忌不要一提到"派"字，就联想到造反派、搞派性、讲派别！不，我们这里所说的海派文化，是反映上海文化风格的最重要流派。我国有京派文化、徽派文化、吴越文化……和海派文化一样，都是中华文化的组成部分。我们的京剧有麒派、尚派等等，越剧有袁（雪芬）派、傅（全香）派、戚（雅仙）派……都是戏剧艺术的流派，流派纷呈有何不好。

我认为，海派文化是客观存在，不以人们的主观意志为转移。海派文化并不是一成不变的，而是一直在发展变化之中，既不要一提到海派文化就沉醉于20世纪30年代怀旧情调中，也不要一说到海派文化马上就和当年的流氓、大亨、白相人划等号。应该看到，经历了漫长时期的风雨淘洗，特别是进入改革开放新时期以来，上海发生了巨大变化，海派文化也呈现出前所未有的崭新面貌。海派文化发展的至高境界，我想就是"海派无派"，正如石涛先生所说，"无法而法，乃为至法"。应该要为海派文化向至高境界发展而不断努力。

时代呼唤《海派文化丛书》。

《海派文化丛书》是历史的需要。在经济全球化和文化趋同化的当今世界，我们伟大祖国亿万人民正在为建设和谐社会、和谐世界而团结奋斗，中央要求上海搞好"四个中心"建设，发挥"四个率先"作用，还要继续搞好在浦东的综合改革试点，为中国特色社会主义事业作出应有贡献，特别是要主动热情地为争取办好中国2010年上海世界博览会而努力。世界人民的目光聚焦上海，为了全面了解上海、正确认识上海，都迫切需要为他们提供新的准确而完整的图书资料。国内各兄弟省市的同志也有这样的愿望，新老上海人同样都有这个要求。可以说，编辑出版一套系统介绍海派文化的丛书是当务之急。

《海派文化丛书》必须力求准确系统地介绍海派文化。海派文化曾经有过争议，如今也还是仁者见仁，有不同看法是正常的，也是好事。我们编纂者则要严肃而又严格地正确把握，既不要过于偏爱，也不要执意偏见。近年来，由于上海大学领导的重视和不少专家学者热情支持，已经举行了多次海派文化学术研讨会，汇编出版了五本论文选集，受到社会各方面的关心和欢迎，但这还远远不够。我们要以认真负责的态度，出版好这套丛书。

《海派文化丛书》的创作、编辑、出版工作一经动议，就得到作家、编辑和有关领导的热情支持，得到上海大学、上海市对外文化交流协会和文汇出版社等大力帮助。我相信，《海派文化丛书》的出版可以为中华文化宝库增添新的内容，为中华民族的振兴和上海的建设增强精神助推力，同时，也可为希望全面了解上海的中外人士，提供一套具有系统性、权威性、可读性而又图文并茂的图书。

我谨代表《海派文化丛书》的作者、编者、出版发行者，向所有给予帮助和支持的单位及个人表示衷心感谢！向读者和收藏者们致以诚挚的敬意！向读后对本丛书提出批评意见和建议的朋友鞠躬致敬！

是为序。

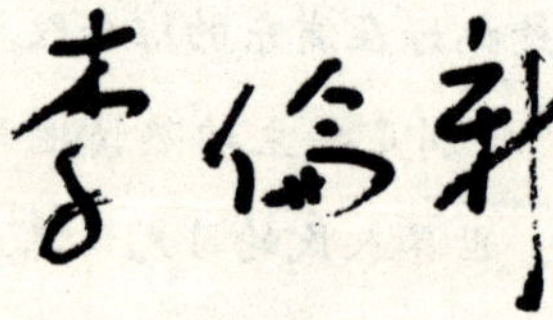

2007年5月20日于乐耕堂

（本文作者为上海大学海派文化研究中心主任）

目录

总序 / 李伦新 …………………………………… 1

辑一

“海归”纵横谈 …………………………… 2

海归告诉你一个真美国 …………………… 9

回国四怕 ………………………………… 18

我的老公谁做主 ………………………… 25

一个小海归在上海 ……………………… 29

辑二

一个国际学校老师眼中的海归 ………… 38

海归义工范江平 ………………………… 47

小二与卡佛 ……………………………… 58

裘小龙：从上海诗人到英文小说家 …… 65

国际比较教育学专家郭玉贵…………… 74

辑三

两代海归与东京审判…………………… 82

两位中医与“中国针灸在美国”……… 96

一张全家福引发的海归故事………… 105

IBM 全球副总裁的海归生活 ………… 118

解码“心理 DNA” …………………… 126

辑四

海归画家王大宙……………………… 136

来自“海归剧组”的报道…………… 144

从童星到翻译的王战………………… 150

从留学生到影视明星的夏凡………… 159

辑五

永远相信远方………………………… 168

“70 后”海归商云溱和吴宸 ………… 178

“80 后”海归 Vivian 和 Calvin ……… 185

上海世博会的幕后推手李媛和王剑涛 …… 194

后记……………………………………… 206

跋 / 郑家尧……………………………… 207

辑一

“海归”纵横谈

从去国外留学到从海外归国（简称海归），我们已经走了一个多世纪。

1847年，19岁的广东青年容闳赴美求学，他于1854年在耶鲁大学毕业并获得学士学位，成为中国首位留美学生之后海归，前后组织了四批共120幼童赴美留学，开创了中国官费留学的先河。

第二代留学生是由于马克思主义在中国的传播和新型政党在中国的建立，他们主要留学法国、俄国、日本，特别是勤工俭学这一批。代表人物有李石曾、蔡元培、汪精卫等。邓小平是这批留学生中涌现出的中国当代最杰出的领导人。

然后是1950年到1952年，中国先后与苏联和东欧各国达成了交换留学生协议并陆续开始执行。1978年7月美国卡特总统的科技顾问弗兰克·普雷斯（Dr. Frank Press）向方毅副总理发出邀请，请中国政府派代表团去美商谈中美互派留学生的有关事宜。与美国达成协议后，国家教委陆续与英国（1979）、埃及（1979）、加拿大（1979）、荷兰（1979）、意大利（1980）、日本（1981）、联邦德国（1981）、法国（1981）、比利时（1981）、澳大利亚（1986）等国政府达成交换留学生协议。

第五代留学生，留学时间为1978年中国对外开放以后。从1979到2000年，仅由中国教育部门向西方各国派出的留学生就达45万7 700人，分布在100多个国家和地区。还有大批青年通过亲友和其他渠道出国留学，未包括在教育部门统计之内。

到了新世纪，以80后为主的留学生算是第六代。

新中国第一批“海归”

1949年新中国刚刚诞生，海归就很受国家领导人的重视。党和政府以许多优惠政策，吸引并欢迎钱学森、钱三强、王淦昌、邓稼先等为代表知识人才回国。他们填补了新中国极需的科技、教育人才空白，尤其在科技领域，正如王辉耀在《海归时代》一书中所说：“在某种意义上，是美国及欧洲培养的一批科学家将中国的卫星送上天，并奠定了中国发展导弹、原子弹的基础。”

年轻的共和国是前瞻的、大胆的，也是智慧的。新政府一边吸引海归，一边外派留学生。

王辉耀在《海归时代》一书中是这样描述的：“新中国派出新一批青年学生赴苏联及东欧国家学习现代科学技术，同他们的上一代不同的是，他们完全为公派留学，并且其中相当数量为中共的第二代。这批留苏（东欧）的学子到60年代‘文革’之前陆续归国，起初分布在工业、国防及科学技术诸领域，并逐步领先于其同代人，担任中级官员。至‘文革’后及八九十年代，这批‘海归’达到国家权力的顶峰。”

1978年，中国正从文化大革命的废墟上步入改革开放的新时期。邓小平一边恢复高考，一边与美国进行艰苦的谈判准备外派留学生，他甚至亲自出马访问美国，并在与美国总统卡特所签的协议中，将1978年中国同美方谈判的关于派遣留学生的口头谅解，作为正式协议加以签署，从而载入了史册。邓小平开辟中国人留学新纪元，中国“文革”后第一批派赴美国的52名访问学者在邓小平访美后不久的1979年12月26日终于启程了。从此，中国的大门敞开了，数以百万计的莘莘学子出国深造。若干年后，他们又陆续归来，创造了一个辉煌的时代。

当然，在这股留学与海归的洪流中，有官方的，也有民间的，有数不清的千奇百怪的个人经历和故事，我们可以从他们的经验中，去领略他们生活和生命的不同状态。

归国华侨

父母刚移民来美那阵子，学英文便成了老人家的头等大事。父亲好办，小时候上过教会学校，当医生之前是英文教师，虽然说话带英国口音，但不影响和美国人交流。母亲的问题比较大，固然在中国时，她靠强背英文单词也一路考到各种职称，可是那些词儿基本上都是考完丢考场没带回来。父亲也曾以一位前英文教师的耐心和严格，试图诲人不倦，结果母亲始终不领情，直到退休也只学会一句口语："You are a dog.（你是一只狗。）"每当夫妻战争进行到母亲甩出一句字正腔圆的"You are a dog"，父亲马上举白旗，知道再闹下去就要翻脸了。母亲属狗，父亲只好娶狗随狗。

母亲肚子里英文词存货不多，发音也很差，自从听说一个台湾学生因发音不准差点惹麻烦，她就发誓要学好英文口语。那个台湾学生在美国商店与老板发生冲突，他气呼呼地对店老板说："I'll shoot you！（我要枪杀你！）"然后就被警察强行押走。台湾学生莫名其妙，觉得自己没有犯法，警察怎么可以乱抓人？到了警察局他才弄明白，原来他错把"Sue"说成"Shoot"，发音就差一点。在美国，"恐吓杀人"是重罪，而这位学生的本意只是"我要控告你！（I'll sue you！）"

母亲先拜当年读小学三年级的大外孙为师，大外孙教一句"Excuse me"（对不起），她跟一遍"Kiss me"（吻我）。三遍以后大外孙红着脸落荒而逃，抛下一句：外婆，你的英文太差！叫我弟弟教你，从字母学起。好强的母亲只好无限委屈地拜刚上小学一年级的小外孙为师，从ABC学起。父亲躲在一旁偷着乐，仿佛报了一生为师不得志之仇。不过，海归之后，父亲的语言优势没有了，而我们也难得再听见母亲那一句字正腔圆的"You are a dog"。

十年之后，父母又放弃了美国绿卡，决定回国定居。上了年纪的人喜欢热闹，喜欢各种自己熟悉的玩法，回归故里，如鱼得水。

归国之后，我和父亲通越洋电话，每次都有新闻，总是在嘻嘻哈哈中收线，倍感欣慰。

有一次，父亲忽然问我，你知道吗？你送给我一顶什么帽子？我一头雾水，愣着不知如何回答。父亲虽然头顶植被不全，但从来不喜欢戴帽子，做了他半辈子的女儿，我怎么可能如此不识时务，送他不喜欢的东西？

电话那头，本来要卖关子的父亲终于憋不住了，自顾着说，现在我的头上多了一顶"归国华侨"的帽子了。他说那天他和母亲重新去办了身份证，恢复出国前被一笔勾销的许多证明和待遇。临了人家还告诉他们，说现在你们的身份是归国华侨，有额外的补贴，有定期的聚会活动云云。父亲说他一听"归国华侨"四个字心就直往下沉……后来一想，还好现在不兴这个了，才又把心提溜回原来的地方。

我和父亲在电话两头大笑，笑完心酸。他们这辈子人最怕被人戴上帽子，无论是"地主"、"资本家"、"右派"、"特务"……都是重罪。年轻时他们被这些帽子压弯了腰，喘不过气，好不容易熬到摘了帽儿，一不小心出了国，又再回来，结果还是要多了一顶大帽子。要搁在从前那年月，"归国华侨"的级别和"反动特务"差不多吧，难怪父亲受到了惊吓。

老海归的选择

在美国，学了一种观念，退休不叫退休，叫放暑假。那意思就是经过辛苦了一年的学习，现在告一段落，可以随心所欲地调配自己的时间和精力了。这是美国人的乐观，他们对晚景的态度很积极。现在中国的退休族也不输老美了，学上网，学摄影、绘画、跳舞，参加各种活动，也忙得不亦乐乎，乐趣盎然。

有朋友的父亲中年丧妻，回到中国后参加摄影兴趣小组，从家里的锅碗瓢盆葱姜蒜大白菜开始学拍摄，渐渐过渡到人物，最后居然成了高手，摄影作品还得了奖。当然，在拍摄练习中，还与一个银发族美女产生感情，最后喜结伉俪。

还有一个朋友，父母都是工程师，来美国做了几年访问学者后回国。她母亲性格外向活泼，跳舞、出游……样样不落人后，被聘为某公司的经理，非常忙碌，经常不在家。她的父亲却是个居家的男人，爱看书，不喜外出。据说他参加了一个车游队——老年人自行车旅游队，到郊外活动，击鼓传花、丢手绢，他觉得幼稚，再也不去了，就待在家里看书。

我这位朋友特意买了字体大、开本大的小说给父亲，过两年回国探亲，居然看见父亲一手拿放大镜，一手捧着劣质的盗版书读得津津有味。还不时拿着支红色原子笔在书上勾勾画画……原来他父亲现在最大的乐趣是在盗版书上找错别字，并一一在书上修改更正。

“我与父亲不相见已有二年余了，我最不能忘记的是他的背影。”这是著名散文家朱自清先生深深怀念的父亲的“背影”。父亲的背影仿佛有说不尽的故事、望不尽的生涯，一家之主的承担是长长一生的跋涉……父亲是个吃苦耐劳的角色，究竟为什么天下还有那么多人愿为人父？

家父今年81岁，一生从医。许多年前从医院退休以后便与母亲来美国和我同住，老人家拿了绿卡后在美中之间自由来去，这样候鸟似的过了十来年，前两年忽然决定回大陆定居，他说小孩子们都大了，不太需要外公看顾了，而他的病人正需要他。

父亲的英文很好，年轻时翻译过不少医学论文。在美国生活期间，父亲总和我抢英文原版的医学书籍和论文阅读，无形中掌握了许多欧美最新医疗知识。前些年即使是他短暂回大陆的日子，也有几家医院上门邀请他去坐堂。父亲的耐心、细心与医术高明，为他赢得了众多赞誉，或许就是这样一种被需要，使他最终离开美国，回到他的医院和病人中去。

每次回国我都对父亲说，你该过享受的日子了，不需要这样劳累。他总是笑笑说，以后再享受。望着他的背影我两眼模糊，父亲呀，你还有多少以后可以享受？当泪水滑落的时候我忽然明白，他老人家现在不正在享受了么？

在美国当医生很累，很难同时享受当医生和做父亲的快乐。当然，既是医生又是母亲的角色更难。因此，同事间常常会因为要不要孩子，或者值不值得因孩子放弃事业而争论不休。记得一个老医生在众人面前扔下一句话就扬长而去。

他说："If you have kids, you live like a dog and die like a king. If you have no kids, you live like a king and die like a dog. （如果有孩子，你活着像狗，死时像国王；如果没有孩子，你活着像国王，死时像狗。）"

海归也可以恬淡

一寸光阴一寸金，寸金难买寸光阴。在美国的人尤其懂得珍惜时间，时间是金钱，时间也是生命。有一次我和在伦敦的朋友通电话，他说我总在忙。我说我不想浪费生命。他说，生命不就是拿来浪费的？工作和度假，一样浪费生命。

听说有个清华高材生，在哈佛读完博士之后没有留在美国硅谷，也不在华尔街徜徉，而是选择了海归。大家都猜她一定是想回大陆当个大公司的CEO。结果，她跑到一个山清水秀的地方，买了一栋临湖的房子。房子是木头搭建的，房前种了很多菜，屋后栽了很多花。平时她上上网看看书，把设计好的东西发到人家的邮箱换银子，穿布衣，吃自己种的菜，亲手修剪花花草草，下午睡醒后写写喜欢的小说。

她才刚刚30岁。大家都为她可惜，浪费了一个哈佛博士，闲云野鹤般的生活似乎应该选择在60岁以后。谁知她从容地说，30岁就可以过的生活为什么要等到60岁以后？那不是更大的浪费？

近年美国的Blog（博客）爆炸式增长。美国商业报刊网站AdAge.com有一个最新的调查，2005年，美国劳动力浪费了相当于55.1万年的时间在阅读博客——网络日志或碎嘴、八卦上。大约3 500万美国的劳动力，约合美国1/4的劳动力平均每周花费3个半小时，或者9%的工作时间在Blog上，这个时间可以创造7 590亿美元的财富。

看来生命真是随处可以浪费，至于怎么浪费又因人而异了。

在美国生活20年，近来海归定居上海。我若是说，我回来是为了追求一种中国式的恬淡生活，一定没有多少人相信，我自己似乎也不太相信有这种可能。毕竟，上海向来不是一个恬淡的城市，她更像我喜欢的另一个大都会纽约。或许，我是个矛盾的人……

海归告诉你一个真美国

美国现在处于保守年代

年底派对多，见新老朋友的机会也多，最近认识几个刚从清华、北大来美国读博士的年轻人，问他们来美国最大的意外是什么，居然众口一词：美国人怎么这么保守啊？美国开放的印象对这些学生来说，多数来自好莱坞，其实那是个误导。

美国无论是“新左派”思潮，或是“嬉皮士”运动，还是群居、吸毒、摇滚，这些都是上个世纪60年代社会中的一股反叛潮流，所谓的“反主流文化”潮。随着卡特总统的失利，以保守主义著称的里根时代的到来，至今美国一直处于“保守的年代”，传统的生活方式又受重视。

与上一代相比，现在的青少年的贞节观念又开始复苏，不再像上个世纪60年代那样，处女童男总是被当作嘲笑对象，很多青少年为了摆脱童真，都匆忙而草率地突破最后一道防线。专家们把这股回归潮流叫做“新传统主义”。这与艾滋病流行与性教育的普及有很大的关系，物极必反。

当作风大胆的偶像歌手布兰妮就声称自己仍是处女之身，这无疑给美国的青少年起了典范作用，如今很多大学生也依然是处女童男。根据1995年一项调查，17—19岁的男性，有32%是童男。一名一年级的新生说他是个童男，班上有一半的男生和他一样，并且没有人因此嘲笑他们。他说：“对我而言，只是在等待感觉对的那个女生，与道德无关，感觉对了，心里愿意了才能在一起。我希望在和一个女孩子做爱前，感觉两个人心心相印。”

美国人的金钱观

中国人自古蔑视铜臭，甚至视银子为恶之本，就是当今社会，还有很微妙的辨证：男人有钱就变坏；女人变坏就有钱。让你弄不清究竟是人坏，还是钱坏。

在美国的中国父母一般也不喜欢和孩子谈钱，其实教孩子从小认识金钱并非教他们贪财，而是让他们懂得金钱的正确来源、储蓄与花费，了解金钱能做什么事，是懂得金钱不能做什么的开始。

美国是金钱的社会，金钱标志着勤奋、智慧、地位，也标志着仁慈与爱心。在教育孩子金钱的消费中，还包括了分享和慈善，美国人向来就很注重孩子这两方面的教育。与小朋友分享你的书本，玩具；把多余的零用钱捐献给无家可归的儿童。让他们了解金钱方面的“富有”与“贫穷”并非唯一的标准，金钱可以助人也可以分享。生活贫穷和优渥的人可以拥有同样的爱心，每个人都可以帮助他人，也都可以与人分享。

美国人对财富的看法是，首先希望自己富有，这是美国梦。有一项关于美国百万家产的调查显示，每一亿个家庭里就有300万个拥有百万财产的家庭，这些家庭中，有2/3是第一代白手起家的，也就是说，美国的富翁中，大多数还是靠自已的刻苦工作挣得财富。而一旦有钱，他们又希望能帮助贫穷的人。美国人对富翁有两种代表性的态度：其一，尊重富有的人，毕竟能靠自己的才智取得生意上的成功，是值得敬佩。其二，有钱，但过度奢侈，非常不得体，或者到了荒唐的地步，缺乏同情心，也不做慈善，这样的有钱人就不受欢迎了。钱多本身不是坏事，好与坏都在拥有钱的那个人，那个人的品行、修养和道德。

美 国 眼

看东方看西方，无论看什么，怎么看，关键都在眼睛。

多数美国人长一双什么样的眼睛呢？大家都知道，它们一般比较大、比较深，色蓝或绿，看上去像湖。因此，我们都希望这样的眼睛可以明察秋毫，或者目光远大。然而，实际上却不是。

美国人喜欢旅游，但他们经常出门旅行一星期都还在自己的国土上，许多次以后，便自然而然地相信这个世界是以他们为圆心，方圆数千英里的居民也都是美国人，这很容易使普通的美国人以自我为中心，产生一种严重的地方主义观点，以为全世界的人就是这个样子，和他们没什么区别，只是有的人不太会说英语，吃不太一样的食物，不像他们那样每天早晨洗澡。

在美国人眼里，欧洲各国之间没有什么区别。美国人在导游的带领下，愉快地在欧洲七国旅行九天后，回到家里也只是模糊地记得埃菲尔铁塔是在比萨斜塔附近；梵蒂冈是罗马中间的一个广场，广场上的鸽子有百分之八十是属于罗马的。

美国人与加拿大人有一种特殊的关系。美加两国的边境是世界上最长的不设防的边界，大多数美国人并没有完全意识到加拿大是个独立主权的国家。加拿大人和美国人无论是长相还是语言几乎没有区别，所以，卖力地区分两个国家纯属多余。

对英国人，美国人是有感情的。英国高雅的文学作品和优秀的电视节目在美国很受欢迎，50岁以上的美国人都向往那产生"披头士"和"滚石"乐队的国家。此外，美国没有皇室，没有相应的奢华与贵族，他们好奇，但不希望真正拥有，美国人不认为那些悠久的文化除了像童话、传说那样可以娱乐，还有什么其他的作用。

一个调查显示，很多美国人对世界知识知之甚少，甚至最基本的地理知识也没有，除了美洲以外，并不太清楚地球上还有亚洲以及其他地区，更不用说对这些国家文化、语言的了解了。克里斯托弗·杰斯帕森在他的著作《美国人心目中的中国形象》中讲了一句十分贴切的话："美国人心目中的中国形象很大程度上来自美国人关于自身的假设。"

美国儿童心理学家马修斯在《哲学与幼童》中，讲了一个意味深长的故事：一个六岁的小男孩伊恩因另外三个孩子霸占了电视机，看不到自己喜欢的节目而懊恼，他问他的母亲："为什么三个人的自私比一个人好？"伊恩不知道这个国家的社会公理是民主、也就是游戏规则叫"少数服从多数"。这或许要比伊恩有了特权后，一个人独占着电视机，让其他三个孩子提问"为什么有权的就能满足自己的欲望"来得好些。

美国人不是靠传统或种族而团结起来的，他们不是纯一种族，而是混种的。他们的国家或许是唯一以一个思想或理想立国的国家，那就是，自由的人民能够自我管理的理念。美国人不需要国王或皇帝或独裁者告诉他们如何生活。他们不需要政府告诉他们做什么，只需要一个政府来确保游戏的公平。

种族意识

说到种族意识，美国这个国家属于过敏体质，一有风吹草动，就到处长满风疹团。

也难怪，这样一个多种族移民的国家，大家靠遵守游戏规则求得平衡，一旦有人出老千，自然备受鄙视。

面孔是标签，肤色是标签，文化也是标签。尽管这些标签们都拿着美国护照，在法律上都叫美国公民，但标签依然是标签。

"9·11"之后，所有留大胡须的中东人都纷纷走避。"4·16"弗吉尼亚理工大学校园血案，一度谣传杀手是中国人，街上几乎所有的华人都低头紧走，心怀愧疚。后来，确认枪手是韩裔，又轮到韩裔如惊弓之鸟，他们所在的社区气氛凝重。连带着韩国上下也都忧心忡忡，在悲痛和震惊外，还担心这起事件可能在美国引发种族仇恨，并伤害到韩国与美国的关系。韩国总统卢武铉还召开紧急新闻发布会……

犹记得1991年11月就读于美国爱荷华大学的中国博士留学生卢刚在校园中射杀数人的枪击事件，令所有中国留学生痛苦而羞愧。你周围的同学、同事看你的目光就像是你的亲兄弟杀人犯了法。

辛普森杀妻案闹得沸沸扬扬的时候，全体黑人卷发直立、敏感暴躁如暴风雨来临之前的几分钟。

少数族裔、弱势群体本来就是谨小慎微的一群，华人尤其如此。他们在白人的世界里安分守己、勤奋刻苦，希望靠成功取得认同。他们经不起同伴中有人失败，那样的话，他们的品质和能力将会受到怀疑，这将是整个群体、乃至整个族裔的失败。而一个偶然的事件，就可能使同行遭殃，让一个群体脸上无光，甚至整个民族的声望大跌。

为什么华人迷恋中国城、唐人街、汉语和中餐，只有置身于来自本民族的文化中，他们才可以得到心灵的自由，获得安全感和归属感，有在异国他乡必需的慰藉和表达。在白人眼里，中国城也许只是个神秘的东方文化和异国情调的象征。丝绸、香料、殿堂这些东西即使在他们眼前，也有相隔几世纪的距离美。

而对华人来说，中国城的象征意义远胜于这些内涵。它对于华人有独特的意义，不仅仅是一种标志，更是血脉相连的生死相依。

常常被问："你爱的是中国，还是美国？"回答都爱。对方一定是不能理解的，用狐疑甚至嘲讽的语气接着问："总有不同吧？怎么可能都爱？"仿佛回答"都爱"的是骗子，一个脚踩两只船的惯犯。然后便是更进一步的逼问："如果中国和美国打起来了，你会怎么办？"这时我多是寒着一张脸不语，或者冷冷地反问："如果你的母亲和你的婆婆口角，揪着头发打起来了……你怎么办？"

我终于也变成了过敏体质，风一吹，浑身长风疹。

当然，在美国，黑白问题总归是最敏感、最尖锐、最频发的。马丁·路德·金的意义虽然已经超越了梦想，但40年后，梦想依然还是梦想，直到奥巴马当上总统。

不过，这个世界风调雨顺的时候居多。和平的气氛里，黑白也会开些善意和无伤大雅的玩笑。黑人问："冰球队怎么就懂得对付那枚黑子呀？那么多人围追堵截拨弄摔打黑子……"这时肯定有白人反唇相讥："那你说说，高尔夫球又是怎么回事？杆一挥，白球就连滚带爬……"

关系难处拿捏分寸

近处无风景，距离产生美。两个人距离太近时，容易产生摩擦，然后就开始分歧、烦恼、厌倦……美丽的烛光远远望去温馨、浪漫、神秘，可是，凑近了看红烛和烛泪，就俗常了。近距离还容易使缺点、弱点、劣性暴露无遗，那就更谈不上美感了。

人间有一种极其美妙又极难把握的境界叫分寸。分寸的拿捏是一种审美情趣的体验。做人做到恰如其分，是人生最高的境界。做事做到恰到好处，是人生最美的艺术。正因为我们所处的环境有一个相对完美的尺度，我们的世界才端庄和谐。

分寸是一种语言、一种礼仪。美国西北大学的人类学教授、心理学家爱德华·霍尔博士，一直都在研究人类对其周围空间的反应。他在研究人类个人空间的时候，创造了一个所谓领域学的新名词用来定义这个理论。霍尔博士提出一般人常用的四种界限：亲密距离（0—45 cm）；私人距离

(45—75 cm)；礼貌距离（120—210 cm）和一般距离（360—750 cm，或者更远）。

人在不同的活动范围中将保持不同距离，关系越亲密，距离越短。反之亦然。美国人对距离较为敏感，如果你掌握不好距离与关系的分寸，就会失礼，甚至被认为冒犯对方。夫妻之间更是如此，中国人明白“久别胜新婚”，西方人提倡中年以后夫妻分房而居，青春不再，其容其态不比从前，与其午夜梦回惊诧枕边人的庐山真面目，倒不如清晨梳洗完毕再从各自的卧室出来喊“早上好！亲爱的”，更美妙。

在美国当医生

世界各国医学教育体制不同，大致上可以分成两种，一种美国式的，高中毕业上四年本科才能报考医学院，医学院又是四年的教育。另一种是英国式的，高中毕业后就可以直接上医学院，中国、德国等国家都属于这种体制。不同教育体制培养出来的医学院毕业生移民到美国来，怎么评判谁有资格继续在美国行医，谁没有？唯一的标准就是要通过严格的考试。笔试加口试。

美国这种考试制度很公平。任何国家毕业的医学生和美国医学院的学生考同一套题，谁的成绩合格，谁就可以得到一张美国医学博士证书，就有资格申请美国任何一家医院的住院医生职位。但住院医生四年只是一个训练过程，拿低工资、干卖力活儿。毕业后，升为主治医生了才有独立的处方权，可以受雇于任何一家医院，也可以自己开业，那时候才能拿到令人羡慕的所谓高薪。

当医生，在美国投资很高，本科加医学院八年的学业，尤其是医学院的学费十分昂贵，很多学生的学费都是靠贷款而来的。这样一比，仿佛我们这样外来的和尚比较合算，但从精神压力方面来说，我们付出的代价也不少。美国医院多数是私立的，为了挣钱，他们要雇佣的是要会吸引病人的医生，病人对医生不满意，随时可以更换。对我们中国人来说，由于文化背景和经历不同，就觉得美国病人难对付，他们不仅要看你的医术，还要看你是不是知识面宽广。一个初诊病人一般要看两个小时以上，谈完病史他（她）会和你聊儿子的棒球队或女儿的摇滚乐队，你要是都不懂，搭不上腔，病人就会对你失去兴趣、期待，甚至信任。一年到头没有几个病人来看，你离被医院解雇的日子也就不远了。

医生看病之前的亮相也非常有讲究，往往就是这推门进来问好、握手的最初一瞬，决定了你们有没有医患缘。衣冠楚楚之必要说明你有修养、懂整洁；挺胸收腹之必要证明你精力充沛、年轻有为；握手力道和时间长短适度之必要表示你友好、温情、乐于助人；和病人交谈时，目光始终要和对方的眼睛相对，这说明你自信而真诚。患者绝对不会信任有一双躲闪、不敢正视别人眼睛的医生。

美国人比较外向，在病痛的时候常常表现得非常软弱和孩子气，甚至大男人都会眼泪汪汪。作为医生，除了语言安慰，还需要一些肢体语言，让他们觉得你可靠并且温暖。你可以按着他们的肩膀，握住他们的双手，但千万不能把手放在对方的大腿上轻拍或抚摸，无论对男病人还是女病人，那会被认为是一种性暗示，会遭“性骚扰”控告的。

在美国当医生难，就难在医学知识以外的西方文化修养。

生死来去叹东西

生是偶然，死是必然。人，生而孤独，没有谁可以代替我们死。死，这一事实使全世界变得公平起来。而作为医者，则要替病人多考虑生的问题。

东西方，由于人文不同，医生要考虑的侧重点也大不相同。在东方，医生多考虑患者的生命的长短问题，一切努力，终在尽量延长生命；在西方，医生更多地考虑到病人的生命质量问题，讲究如何可以死得好、死得舒适。

东方民族是惧死的，当无法逃避、无法安慰、真实的死亡摆在眼前的时候，你怎样去帮助你的病人勇敢地接受残忍的现实？多数是隐瞒。病人死期快到的时候，他自己自然能感觉出来，用不着旁人告诉他。病人嘴上不说，但心里明白，到了那个时候，他绝不会开口问人是不是已经无救，也不会责怪人不早告诉他患的是绝症。因为他们不问、不想、不提，是他们不甘心承认已经无望的事实，甚至心里明明知道医生在欺骗。他们更愿意受骗而不愿意接受残酷的现实。在骗局里安然死去是最好的。

而在西方，任何病况都得对病人交代清楚，包括治疗方案都参与选择。记得有个21岁的西裔白血病患者，在骨髓移植前需要抑制其免疫系统，他不可以吃生菜色拉，不可以做爱……以防感染。每天查房的时候，他总是锲而不舍、有些腼腆地问，明天我可以吃生菜色拉了么？其实大家都知道，他是想知道什么时候可以恢复正常的性生活。活着，并且尽可能保证质量，这需要一种超越。

有人感叹很多中国人没有思考能力，其实并不是没有思考能力，而是没有超越现实和利害立场的思考能力，以及没有面对现实挑战的坚强胆量。

回国四怕

怕被当作外乡人

这些年来，朋友们回国探亲旅游或者海归，几乎都摆脱不了被故乡人扣上“土气”和“洋气”的帽子。土气是指穿着土气。洋气，则是指说话夹带英文。老公常回国，接着又海归，比较了解乡情，我们母子三人每次回国省亲，他都要交代我们，所有在国内的穿戴，都必须在国内买；任何时候，无论是公开演讲、会议发言、嘘寒问暖、吹牛侃山，不能带一个英文单词，否则你就会被当作外乡人。

被当作外乡人的人，在当地人眼里一定是土气的。我有个朋友回上海探望父母，刚进家门他的母亲就被邻居询问：“家里在装修吗？来了一个外地民工。”另一个朋友回国探望以前的老同事，被围攻取笑穿着老土，他急眼儿了：“你们看看，我的衬衣、裤子、皮鞋，这些都是美国名牌啊！”要不是给人劝住，他恨不得把内裤也翻出来给人瞧瞧那牌儿了。早些时候国内的人只认欧洲名牌，对美国的牌子比较陌生。还有一个朋友更绝，他气愤地抱怨，真没面子啊！有次回国排队买东西，见一乞丐在挨个乞讨，正准备掏钱包，那乞丐却跳过他，向下一个行乞。莫非他的行头让乞丐都没了信心？

老公夏天到上海谈生意，忽然想起有位多年的上海老同学要见，给老同学买了烟酒，准备给老同学的妻子买瓶香水。晚间，他还像在美国一样很休闲，穿着美国式的T恤和大裤衩，晃进徐家汇一家香水专卖店，点了我常用的牌子Chanel5号，说了几遍没有服务员理睬，后来还是同行的一位上海朋友用上海话沟通才得手，大概被认作外地民工了。老公刚回国那阵子，穿着常被取笑很“农民”，努力改正大约两年之后，我又问他，现在人家怎么看你，老公说：“农民企业家。”

人们总是能习惯而又敏锐地把不同于自己文化习俗的东西识别出来，在美国十年以上的华人，不是也能一眼瞧出对面过来的那位一定是大陆“新来的”。每次回国，都像假洋鬼子悄悄进庄，我狠狠心一下飞机就来个彻底的改头换面。回乡的第二天我就把头发染成亚麻色，服装从里到外都是本地女子的特色，走在大街上，我是那样地自然，有着不被发现的窃喜。当我看到人们偶然知道我已经离乡去国二十载，流露出来难以置信的惊讶时，有说不出的快意和满足。

我陶醉于自己的成功，没有被当作外乡人。然而有一次回老家探亲坐出租汽车，我用福州家乡话和的士司机聊天，聊了很久，忽然他对我说，你不用担心，我是个好司机，从来不欺骗外乡人。我说我就是本地土生土长的呀。他看了我一眼，很肯定地说，那你一定在外地工作了很长时间了，也不常回来，你的福州话里都是外地口音了。我张着嘴半天发不出声音。

一群海归朋友聊天，一位女士说，好奇怪，在地铁上，我经常碰到两种很特别的人，一种打扮很体面的斯文男人在抢座位，另一种打扮像民工，言行却很礼貌，公众场合不喧哗，一句一个“请”、“谢谢”……她的话没说完，大家全笑了，后一种男人一定是海归，而且还是刚上岸的“海龟”。

被当作外乡人不舒服，可被当作亲人，有时候也不适应。在国外待久了，多少有点“洋毛病”。有一位朋友归去一年又匆匆回美，她抱怨在中国，人的关系太近了，几乎要被窒息。一个在美国自由自在惯了的单身女子，在一群热情的同胞中，不断地被询问，为什么不化妆？为什么不穿名牌？为什么不买车子？为什么不用某某牌香水……为什么不嫁人？结果当然是落荒而逃。

在西方国家，人们习惯把懂中文的西方人叫作“鸡蛋”，意寓外白内黄；而把只会说外语、不懂汉语的ABC（在美国出生的华人）比作“香蕉”，外黄内白。家里的两个儿子在福州过暑假，非常努力地把自己从“香蕉”变为“芒果”，内外都是黄色的。而我呢？任何场合都没有跑出一句洋文。对久居美国的人来说，演讲用纯英文和纯中文一样困难，最休闲的方式是中英文混杂，脑子里什么来得快说什么。

当三颗“芒果”结束大陆之行，坐上返美的飞机时，大儿子显然是憋坏了，他问我，妈咪，现在我们可不可以说英文了？我含笑点头，然后大家把舌头一转，肆无忌惮地说起英语，这个痛快！

过美国海关的时候，官员查看完护照，对我们微笑，热情地说，“旅行愉快吧，欢迎回家。”我忽然就真有回家的感觉了，在美国居住了这么多年，不被改变是不可能的。虽然在中国和美国，我常常还会被当作外乡人，但我依然固执地热爱这两片国土，欣赏这两种截然不同的文化。

怕丰满

丰满是个多义词，既可以赞美圆润的植物籽粒，又可以恭维富有盈余脂肪的女性。它还有个极其重要的作用，就是让男人可以更狡猾地骂女人，而又不至于当街遭痛扁。要知道，天下的女人最恨“肥胖”二字。没瞧见现在减肥都不叫减肥了，改叫瘦身。

有民间箴言为证：你要是有文化，你就说她丰满；你要是没文化，你就说她富态；你要是想缺德，你就说她肥胖。一位朋友回大陆出差，看满街琳琅的时髦服装不免动了心，他想为人到中年的妻子买一件漂亮的女式衬衫。服务员问他要几号的尺寸，他一时答不上来。服务员便让他站边上看来往顾客，有类似身材的招呼一声儿。他站在那儿等到脚底快生根才喊一声：“快看，就是这样的。”服务员瞟了一眼说，这么胖？这儿没这号儿。

在华人圈里，几乎没有人觉得我胖，运气好的时候还会被归入“柔弱”一族。可是，一到大陆，我就无端地肥胖起来。店铺里很多衬衫看上去很美，试穿起来就献丑了。一路从腰部扣上去，我的信心节节败退，总是到胸口彻底绝望。当我看到那衬衫的号码已经是带X的，差不多要哭出来了。真不明白这些服装都设计给谁穿的，即使是少女，含苞待放的年龄，也不至于这么一无所有呀。

这点美国就大不一样，小号是小号，大号是大号，带X的就是货真价实的X级，不是绝对丰满穿起来就是挂蚊帐。当然，有一点还是一样的，美国胖的也都不说人“Fat”（胖），而是说“Big”（大）。美国人对“Fat”很敏感，超市上所有的食品都被要求标上热卡。购物的时候两眼尽量不往高热卡美食上瞟，譬如糖、黄油、乳酪、冰淇淋、白面包、油炸食品等。还有一种最禁忌的食物就是巧克力，美国人每吃一口巧克力奶油蛋糕，或者波士顿奶油馅饼，就会引起无限的罪恶感。他们非常明确地给这些甜点加以邪恶的名字，譬如魔鬼蛋糕，死神巧克力。这些令人战栗的名字足以让每个人都明白：吃，可以发胖。但很多人怕归怕，照吃不误。

不像在中国，丰满的人不多，稍微大点号的就有心理压力。在美国情况却好多了，在这个国家里，无论何时何地都有30%的女人在认真地节食减肥；无论何时何地也都有50%的女人属于过度肥胖一族。歌星、脱口秀主持人中，胖的与瘦的在受欢迎程度上基本可以平分秋色。一方面，电影、电视和报纸杂志大力推崇、打造营养不良型的模特儿为偶像，让减肥行业每年可以净挣几亿美元；另一方面，可乐、黄油、起司、比萨、汉堡和炸薯条同样可以让饮食行业轻轻松松挣几亿美元。

虽然几乎所有的美国人都渴望自己身材苗条，并且富有。但一位美国社会名流深有感触地说过，“你永远不可能太富有，或者太消瘦。”从任何报刊的社交版可以看到，富有的女人总比不富有的女人来得瘦，兜里银子少的女人多数很丰满。

怕染发

我天生一头黑色卷发，倒是省了不少事，一直以为染发、烫发这种事将永远与我无缘，即使年华老去，变成了银发族，我也会满足地守着满头银卷。我和老公都坚信真的和自然的东西最美。谁知，这世界变化快，朋友的一句话，竟然改变了我执着多少年的审美观念。

在美国生活压力大，早生华发已没有人会感叹，而是非常务实地去染发。一次周末派对，女主人和几位女客人围在一起津津乐道自己脑袋上刚刚染的栗色头发。我无言地瞧瞧这个，看看那个。她们也瞧着我，其中一位对我说，唉，你怎么这么土？把头发染得这么黑，现在时髦亚麻色。

那以后我才注意到，华裔女子栗色头发的越来越多。看多了，就是假的也变得跟真的一样，以至于我原本遭人羡慕、自然的黑发越发不顺眼起来。时尚这种东西实在太可怕了，当最开始几颗亚麻色脑袋在黑发中晃动的时候，被当作另类。然而，当满街的黑发渐渐被栗发代替的时候，黑发就变成了另类。

其他族裔，改变头发的颜色早已是家常便饭，任何一家美发店的发型师都会引导客人用适合他们的颜色，以便增加新发型的生命感。华裔也在渐渐地享受五颜六色带来的时尚感觉，于是，染发的潮流悄然兴起。和所有流行一样，染发也必须经历一哄而上的盲目流行。

这次回国，让我吃惊的是，到处可见头发染成金色、咖啡色、红色等等的红男绿女招摇过市，染发时尚已在老中青三代人中广为流行。甚至有学者认为，染发已经成为国人创造个人形象的一种重要手段。如今，国人染发之普及，就像换季更换时装一样随意了。而在满街五颜六色缤纷的脑袋中，我的纯纯的黑发便成了实实在在的另类。

香港某公司还进行一项有关香港女性染发习惯的问卷调查，访问了近2 400位香港女士。这项调查结果显示：六成五的受访者在过去一年内染发，而当中接近八成至少每六个月染发一次。至于染发的原因，近七成染发人士表示，是为了转换形象而令自己开心，而超过四成人认为黑发沉闷老土，三成人觉得染发可以令自己比较醒目一点。

我坐在家乡的美发厅的宽椅子上理发，理完后，有一头金发的师傅问我，给你染个发吧，你的头发这么黑，太难看了。于是我不再犹豫，选了栗色染发水。当师傅把所有的药水都刷上我的脑袋时，我接到老公从美国打来的越洋电话，我告诉他我在染发。他在电话那头大叫，不要染！不要染！我就喜欢你的黑头发。晚了，我告诉他。耳边，师傅还在问我，要不要把眉毛也染了？

怕名牌

怕名牌，不是说我怕穿名牌，而是怕天天要穿名牌，衣服、提包、鞋子……样样件件都讲究名牌，那不是很累？

老公说，在上海可不比在美国，你就得这样，用名牌包装自己，不然会被别人瞧不起。我跟他说，在我们作家圈子里，没有人特别讲究名牌。即使你一身名牌，写得不漂亮，还是不漂亮，搞不好还有绣花枕头之嫌。

记得小时候母亲常对我说，女孩子不要注重服装漂亮，成绩单漂亮才是真漂亮。因为，服装漂亮是父母的本事。成绩单漂亮才是你自己的本事。衣服再漂亮，功课糟糕的话，会被别人瞧不起。

大学毕业后去了美国，美国是个自由随意、讲究舒适实惠的国家。除了国际学术会议、婚礼、正规晚宴穿正装和晚礼服之外，其余的时间很休闲，爱怎么穿就怎么穿，没有人管你。刚去美国的时候我还常常惊讶，诺贝尔奖得主怎么这么随和？千万富翁的穿着和领救济金的人也没有太大的区别啊。

在美国生活了20年，如今，我的做派是，不管名牌不名牌，适合我的就是好牌。

其实，我在海外写作圈子里算是很注重衣着的了。各种活动、演讲，基本上没有重复的服装和首饰。有一次老公还在跟我叨叨，说谁谁谁的太太手上戴劳力士……没等他说完，我就冲着他说，你老婆不需要用名牌，她自己就是名牌。说完大话，两个人乐半天，此后，老公倒是再也不逼我买名牌了。

不过，话说回来，上海人赶时髦爱名牌的风气的确是比其他的城市来得盛，并且源远流长。李伯元在《文明小史》第十六回中就生动地描写过一个西装革履、风流倜傥的上海青年，实际上是个穷得叮当响的“洋装瘪三”，一年四季穿西服是因为没有其他的衣服更换。因此，你若听说有上海人省吃俭用好几个月，只为了买个万元名牌手提包就不足为奇了。真可谓“一千家当，八百身上”。

上海人对服饰的讲究，至少成就了这个城市的市容。走在上海街头，常常会想到巴黎。不管男女老少，服饰几乎都很体面，不像其他大都市，有明显的落差，在几个时髦女郎招摇过市之后，又有几个衣着不合时宜的邋遢鬼落到你的视野里。

我的老公谁做主

有了老公之后，便存在老公的主权问题。本来这也不是什么问题，一纸婚书捏在手里，老公自然是老婆的人。可如今，这个世界上人越来越多，人多了关系就复杂化、混乱化，有时候，一不小心老婆一个变两个，一大一小。问题就闹出来了。

在美国，地多人少，一个变俩的机会不多。一旦到了中国，情形就不一样了，大街上一走，似乎丢块石头都能砸到好几个情人。海归太太几乎个个面临自己的老公谁做主的问题。即使不需要面对，也常常有人提醒你，经常闻一闻你的乳酪，你才会知道，它什么时候开始变质。

我住的浦东碧云国际社区世茂湖滨花园是海归太太群居的地方。平时，太太们相约在会所跳拉丁舞、肚皮舞，做瑜伽，上街购物、美容，每月一次的美食团午餐聚会……在一次拉丁舞训练课上，我认识了一位曾在加州某公司做市场营销的海归太太Linda，Linda高挑美丽，为人开朗热情，十分出众。一打招呼她便问我，听你的口音是福建人吧？原来是老乡，感觉亲近了许多，很快成了好朋友。

Linda随老公海归已经三年多，她告诉我，我们世茂湖滨花园有很好的传统，海归太太们特别亲密，情同姐妹，平时跳舞、美容、购物结伴同行是不消说的，就是年度体检都相约一起上医院。由于海归多是外派，流动性大，很多海归太太两三年后去了别处，都很怀念在世茂湖滨的岁月。我一下子就喜欢上世茂湖滨的传统了，喜欢这些海归太太，喜欢这样温馨和

* 2010年1月份美食团午餐聚会，庆祝新年。

谐的气氛。

每月定期午餐聚会多是海归太太，偶尔有海归先生参加。品尝了美食佳酿，交流完房价股票化妆品时装信息之后，自然就要谈老公的主权问题。席间最热门的话题无非是从各类媒体上淘来的故事，男人背叛大老婆之后又被小老婆背叛，几经瓜分，男人岁数见长而银子见少的悲惨境遇。这样的故事一定要被这些居安思危的海归太太们拿回去讲给自己的老公听的，越不经意的时候说越好。

虽然男人花心变心自古有之，可海归太太们还是纳闷，为什么在美国时好好的人，回来就变质了呢？经过多次研究探讨，总结为：美国有好土壤，坏种子也能长出好苗子。大陆现在的土壤不好，好种子也可能烂掉。

于是，如何预防好种子烂掉的问题又被摆上桌面。

公司越大分工越细，社会越发展，文明也越细致。有在场的海归太太说，爱情、婚姻、家庭、生育、经济大权都不是一回事。与先生有感情与争夺经济大权是两回事，感情是感情，银子是银子……男人有情的时候，什么钱都可以交给你，一旦无情了，便是郎心如铁。有了经济大权，我就可以大方地说，亲爱的，你去吧，给你百分之十的家产，看看那些女的谁愿意和你做夫妻。玩不转了，我还让你回来……你看我多爱你……这样总行了吧？据说上海女人真厉害，治理老公有一套，午餐只给20元人民币，兜里空空如也，拿什么去吸引小姑娘？

又有太太说，争夺经济大权这事也不能闹得太明显，否则还没有发生敌情，自己先闹内战，得不偿失。这事要做得有技巧，不能打草惊蛇……这时，午餐会已经形同大老婆俱乐部。

当然，还有的太太懂得互换角色思考问题，她们感叹，那些小姑娘也对啊，凭什么要和男人一起创业共艰苦呀？有现成的福当然先享受了……否则，打下江山之后人老珠黄了，先生被人做主去了，白手起家的那点财产也拱手让人了。那倒不如现在趁年轻貌美、身强力壮先抢了再说。

说到男人好色，在座有男士说，你们要用发展的眼光看问题嘛，两千年前，女人要是给陌生男人摸一下手，恨不能一刀砍掉……现在啊，你们呢？你们的穿着打扮不也很性感前卫？为什么大家都喜欢上海？上海有看头啊，灯红酒绿、十里洋场、帅哥美女、性感养眼……

其实，当年都是人尖的这些海归太太，不说是精英，也是出类拔萃的人才，过关斩将、漂洋过海，即使在金发碧眼的洋人中，也不乏叱咤风云的辉煌岁月，修养智慧兼而有之，如今归来，除了相夫教子，各有自己的一片天，公司、股票、房地产、进出口……只不过天增岁月人添寿，正午偏西的太阳，看到八九点钟的太阳难免觉得刺眼，当她们看到妙龄女郎穿着暴露，招摇过市，会紧张地瞧瞧身边老公的动静。而我呢？我多数眯着眼睛看看身边的儿子……记得有一次在美国参加大儿子学校的活动，感叹那些十六七岁的白人少女真叫青春饱满、活力四射啊，那肤色、那脸盘、那身材……忽然间我的自信就缩水了。儿子大笑，说，妈妈，你为什么要和我的女同学比呢？你该和她们的母亲比呀。这话说得多好？老妈如梦方醒，就地重拾信心。

一个小海归在上海

上个世纪80年代，留学，曾经是大学毕业生的向往，清华、北大、科大的理科学生，几乎是毕业一个班，出国一个班，被称为一整个时代的故事。出去的人越来越多，回来的少。渐渐地，这十来年，回流，已经成了一股不可阻挡的热潮，随着回来的人越来越多，这个群体便被冠上了一个称呼——“海归”。

决 定 海 归

我和我先生施林都在上个世纪80年代随大流出国的，20年后，我们又随大流海归。

我先生施林1978年进入中国科技大学第一期少年班，1985年中国科技大学硕士毕业，1991年获得美国常春藤联校之一Dartmouth（达特茅斯）学院的博士学位。曾在朗讯贝尔实验室、西门子、SyChip、BroadCloud等公司任职。担任过资深研发人员、部门经理、研发总监、首席科学家等职务。2005年底回上海创业，公司主要的产品是新一代的车载多媒体信息娱乐系统。

在先生回国创业四年之后，我决定全家海归，结束了四年夫妻两地分居的生活，彻底摘除“内在美”的光荣称号。所谓“内在美”，即：内人在美国陪孩子读书。

所谓全家，现在只有我们夫妻和小儿子施嘉特三个人了。长子施迪夫留在美国，今年他是大学新鲜人——18岁的孩子开始独立生活了，这也是促成我们海归的原因之一。一家四口分居两国三处，极其不便。再说了，先生这四年美中两国来回跑，既辛苦又不利于公司的管理和发展。而我呢，美国一住20年，也该回去过过久违的中国式生活了，对中国的经验来说，我有20年不在场，不利于我融合东西的完整创作。最难取舍的是施嘉特。他花了整整一个月的时间思考，最后决定随我们归来。

施嘉特是这整个计划中最重要的一步棋。他不走，我还是要留。

原先，我们做好了八年抗战的思想准备，等两个儿子都上大学了，我们夫妻才能在上海团聚。后来，在一次来自达拉斯的上海海归聚会中，先生获悉，他那些朋友家的小海归们在上海上国际学校也很快乐，活动多、学中文快，回美国几乎都上了名牌大学。他动心了，希望我们去上海的

* 作者全家摄于2009年6月长子施迪夫高中毕业典礼上，左起：施雨、施林、施迪夫、施嘉特

计划能提前。由于金融危机，经济低迷，美国整个士气都不高，施嘉特见哥哥施迪夫的很多同学原本雄心勃勃地想上私立名校，最后因为学费昂贵，都只选了州立大学，他也显露了“读个州立大学也可以”的心态。我怕他受此影响真的变得胸无大志。平常心是可以，甘于平庸却不行。平常是修为，平庸是苟且。少年该是最有梦想的年龄。因此，我希望他换换环境。他在美国土生土长，到中国生活两三年后再回美国上大学，未尝不可。况且，成为国际学生，可以扩大文化视野，增长异国生活经验，对他将来的学习和就业都有无尽的好处。

准确地说，施嘉特不算小海归，而是小留学生。

选 学 校

近年来，海归的群体中，有很大一部分人已经在海外生活了几年，或者十几年。他们多数有一个到两个的学龄子女。在每个家庭海归的决策中，子女的教育往往占很大的比重。不少已经海归的家庭，都是因为子女不适应国内的教学环境而匆匆返美。造成这种局面的最大困扰就是他们子女受教育的问题。据欧美同学会一项调查显示，在接受调查的189名海外留学人员中，有137位（占72%）认为回国发展会考虑孩子在国内的教育问题。

中国教育部留学服务中心的数据显示，从1978年至2008年年底，中国出国留学生总数达139.15万人，归国者近39多万，而2008年海归就达6.93万人，超过30年海归总数的1/6。根据不完全统计，近年来在国内读书的海归子女每学年就有几万人，他们都不同程度地面临着适应中国学校学习的难题。

表面上看，海归子女（小海归）教育的尴尬，皆因语言文化而起。海归子女多出生成长在美欧等西方国家，离开熟悉的环境，随父母一起返华，其压力有时甚至超出成人的想象。若就读传统意义的国际学校，学美国教材、外教授课、学生们说英语……尽可能地“复制”他们熟悉的语言文化环境，有助他们日后回国籍所在地轻松就读高中、大学；但学费贵，学校常设在郊区，封闭式的交际圈易滋生孩子的“贵族”心态，更脱离了中国的语言文化大环境。倘若就读本地公立学校或双语学校，孩子们虽能更快地融入中国文化，但教学方式、教学内容、英文水平等问题却接踵而来。最让海归们替子女教育忧心的，并非语言文化或教学内容，而是中国的教育模式。正如诺贝尔奖得主杨振宁在比较中西教育时所说，美国教育强调宽、松、活，中国教育则强调窄、严、僵。突如其来的中国应试教育方式，常让小海归们措手不及，让他们感到不快乐，甚至影响思维和个性发展。

这种两难的境地，多发生在子女年纪偏小的海归父母身上，小学或者初中，小海归们的可塑性大，但发展的前程，也非常不可测。与他们相比，施嘉特的选择倒显得单纯。

为了尽量减少孩子适应新学校的困难，我们几乎没有犹豫地首选了上海美国学校（SAS, Shanghai American School）。上海美国学校于1912年在浦西建校，是最早的一个国际学校之一。全校共有2 900个学生，450个教师和工作人员，来自40个不同的国家。浦东分校建立于1998年。

虽然目前上海的国际学校不少。香港人或新加坡等英联邦国家华人开办的国际学校学费较便宜，但他们教师的中英文口音都不太标准，而且一般是以IB（国际文凭）国际课程、教材为主，真正好的IB教师在中国很少，不太适合希望孩子个性化发展的家庭，将来，SAT还要去香港或新加坡考。而纯西方式学校，譬如上海美国学校，学制与美国一致，相当于美国私立学校，但这学校排队者众，学费昂贵（每年3万美金，相当21万人民币）。好在上海美国学校的浦东分校10年级正好有一个名额，我们赶紧先替施嘉特报了名,回头再做思想工作。

与孩子谈到海归,一开始施嘉特并不接受这个建议,他不愿意离开美国学校橄榄球的一帮队友和达拉斯已经熟悉的生活和学习环境。情形如同四年前,四年前先生决定海归创业,我们动员两个儿子一起去中国。施嘉特当年还小,没有什么主张。哥哥施迪夫已经上高中,他说,我不想换环境,你们回去,我可以一个人过。后来,考虑到即使大儿子可以独立生活,两个儿子分开,都没有伴儿了,也不利于他们的成长。于是,我们选择了夫妻分居,我成了"内在美"。

现在,谈到去中国,施嘉特也摆出当年哥哥"免谈"的姿态。后来看到上海美国学校的网页,美丽的校园、丰富多彩的课外活动,尤其是有一支强健的Rugby (英式橄榄球) 队,他动心了。和哥哥商量之后,他对我们说:"好吧,我们去上海。我不愿意成为坏孩子,再让你们两地分居……但你们一定要答应我,我要参加Rugby。"

我们当然是满口答应,等了解到Rugby是什么样的一种运动时,为时已晚。以前我一直担心孩子在Football (美式橄榄球) 校队的训练和比赛中会受伤,没想到这种英式橄榄球看上去比美式橄榄球更野蛮,没有头盔和护身,几乎就是肉搏。看到上海美国学校一张校际比赛的照片,赛后的队员们各个鼻青脸肿,鲜血淋漓,我差点儿昏厥……

到上海之后,整个暑假施嘉特都在健身房里苦练力量,按以前在美国中学里教练的那套训练自己。一开学,经过严格甑选,他如愿以偿进了Rugby校队。虽然他以前从来没有打过英式橄榄球,但他有优秀美式橄榄球运动员的良好素质,马上成为校队主力,开学不到一个月,就去北京等地参加校际比赛。可谓南征北战。当然,挂彩的事时常发生。训练加外出比赛,几乎每天身上都有淤血和青肿,偶尔嘴角和眼角还破裂出血。有一次,一只眼睛成了熊猫眼,我心疼极了,给长子施迪夫打电话时说,你劝劝弟弟，让他退出球队好了。施迪夫说，“妈妈，你不是要锻炼他的坚强意志吗？……没有关系，他是男生，就是熊猫眼，女生也喜欢。”

也许在球场上赢了比赛，也赢回了小男生往日的万丈豪情与雄心壮志。有一天放学，他一到家就告诉我，妈妈，我要去竞选学生会主席。我说好啊，应该有这个想法。又过几天，他说，妈妈，我的队友告诉我，有八个女生喜欢我……可我只知道四个，其他四个还不知道是谁。怎么办？我说，也许还不止八个，你人缘好，喜欢和同学交往，同学们也喜欢你，不管男生女生，喜欢你这很正常啊，朋友越多越好。

学 中 文

对小海归来说，在中国学中文，比在美国有绝对的优势。这个我深信不疑。

虽然施嘉特小时候在美国也上过中文学校，后来中断了几年，所学方块字基本如数还给了老师。汉语说是会说，但都是很简单的口语。算中文文化程度的话，实属文盲。孩子自已心里也有数。刚到上海一个月，足不出户，要去健身也都要喊上我，因为不敢和教练对话。到超市买东西，要吃要喝也不敢大声说，我们可怜他刚着陆，用英文替他翻译所见种种。一开始他不做声，后来开始制止我们，不让用英文解释，他说，我懂，你们不要这样，别人都看着我了，我像个白痴。瞧他看满街标语和商号的架势，的确很白痴。歪着头辨认了半天，七个字只识三五个。

开学后第一次家长会，中文老师孙蔚勤第一句话就问我和孩子他爹，你们没有给孩子取中文名字吗？我说取了，一生下来就取了中文名字，叫施嘉特。看老师困惑的表情，我心里忍不住笑，我对孩子他爹说，儿子名字那三个字的确笔划太多，难为他了……他倒是干脆呀，来个我无姓名，你奈我何？过一个月，第二次家长会，孙老师的说辞就不同了，她说：“施嘉特一开始很老实，很乖巧听话。现在中文长进了，说话厉害多了……有时候甚至油嘴滑舌。”

上海美国学校（SAS）有三种中文班，一种是启蒙班，听说读写都是从零开始；中级班，听和说过得去，读写是文盲水平；高级班，听说熟练，读书写作文样样都行。施嘉特在中级班。

我们住的碧云国际社区几乎都是像施嘉特这样的孩子，大大小小近80人，都是上海美国学校的学生，每天要两辆大校车接送上下学。他们的中文程度都差不离，谁也不嫌弃谁。有这样一批中文文盲生力军，施嘉特的胆子就壮了。开学第一个周末就敢去串门，然后约了同班同学外出午餐。回来后兴致勃勃告诉我们，今天男生女生八位同学去吃中餐，花了两百元人民币，还剩下很多吃不完。老爸好奇地问儿子，哪里有这么便宜的餐馆呀，两百元人民币，八个人吃，还剩下很多？儿子回答，我们都不认得菜谱中的汉字，只看得懂“饭”。所以全部点了炒饭。

又过两周，我们带施嘉特去店里买皮带。看好之后我们要交钱，他忽然说，你们知道吗？在中国是可以price bargain（讨价还价）的，看我的。于是，自己上前，径直对人家说，“姐姐你好漂亮，皮带可以便宜一点卖给我吗？”我们都惊呆了。这个儿子还是从前的那个么？在美国商场购物，几乎没有讲价的习惯，一律明码标价。没料到小海龟一到上海滩，跑得比兔子还快，没来几天居然学会了讨价还价。对方说，我们这个店是不讲价的，两百五十块一条皮带，看你中文说得不错，姐姐也叫对了，我给你减价十元吧。施嘉特一听，乐坏了，回头朝我们做鬼脸，说：“It works.”（这招管用。）

开学两个多月后，施嘉特和他的同学们已经把浦东好玩的地方都逛遍了，吃喝玩乐，门是门儿，道是道儿。从离家最近的大拇指广场，到正大广场、八佰伴，每个周末都把时间和金钱狠狠地花在实地考察、学习汉字和中国文化上。在我这个“坐家”母亲面前，他俨然是个“老上海”了。我常常坐在书房里想象着，这帮小子如何操着生涩的中文，横行上海滩。

记得离开达拉斯时，施嘉特还忧心忡忡。在他世界历史的课本里，他学过中国现代史，对他这样美国土生土长的孩子，那些中国现代史不但沉重，而且不可理喻。他的美国同学也为他担忧，他们反复叮嘱，让他出门不要随便说话，否则会被警察铐走。他们还说没事你不要随便上街啊，中国人口是美国的六七倍，犯罪率一定也高出六七倍。最后还交代说，你是美国人哦，不要忘了美国。

上个周末刚好是万圣节，施嘉特要在家里开个盛大的派对，看碟、打游戏、吹牛侃山，通宵达旦。我们按美国的习惯，父母避开了，让孩子们尽情玩乐。我们的计划是，房子留给儿子待客，老公和我开车去阳澄湖吃大闸蟹。两天一夜，我们过了一个中西合璧的万圣节，此间，老公依然忙公司的事，我正好写了一个以上海浦东为背景的短篇小说。

辑二

一个国际学校老师眼中的海归

海归定居上海，我结交的第一个上海新朋友是儿子施嘉特的中文老师孙蔚勤。

在施嘉特就读的上海美国学校（SAS）的一份调查表中，我在学生母亲的职业一栏里填了“作家”，孙蔚勤老师很有心，让施嘉特回来向我要书。我给了《美国儿子中国娘》。孙老师非常喜欢书中“家有ABC”这个系列，她说，等班上学生读写水平提高了，就给他们阅读其中的篇章。“家有ABC”这个系列在美国很多中文学校都被当作教材。达拉斯现代汉语学校的前校长杨桦就把“家有ABC”系列复印之后，发给各位中文老师当教材。那时候，我还不在达拉斯居住，《美国儿子中国娘》尚未出版，他们是从网络上找到的。当年，这个幽默的亲子散文系列为我带来好多朋友，没想到，如今在大陆，又因此结交新朋友。

在美国居住了20年，回到生养自己的国土，最初的感受是近乡情怯。这与以往回来参加文学活动、探亲旅游不同，那是蜻蜓点水式的，好应付，而真要落到实地过日子，又完全不同，从衣食住行到与人交流、交往，处处生疏。国情不同，民风迥异，说话办事，不知道哪些应对正确，哪些不合时宜。

曾有朋友告诉我她和大陆人交往的感想，她说，他们说话很拐弯，都不是面上的意思，有些事，过了两年我才明白过来当初他们说的真正意思。

与孙老师交朋友，是想从她那里了解其他海归的表现，给自己的言行做个参考。

看海归学生

孙老师毕业于华东师大中文系，除了刚毕业后在一所本地中学教了一年语文，之后分别在上海的几所国际学校任职，从小学到高中，从母语班到老外班，都有涉猎。但能被称得上“小海归”的倒并不太多。她班上的那些中国小孩，一部分是从香港台湾来的，一部分是因为父母入了海外国籍，孩子虽然一直在国际学校受教育，但却是从小在本土长大。倒是今年在美国学校教的施嘉特这个班，整整齐齐都是一群海外出生长大，英文说得像母语，母语说得像英语的小海归。

以下是通过孙老师的观察，发现小海龟和小土鳖有趣的不同之处。

（一）体质和体能上的差别

国际学校学生普遍穿得比本地的小孩少，大冬天的，他们也就T恤外套个羽绒服，好像很少见他们横一件竖一件毛衣裹上身。真让人怀疑，他们是否知道有保暖内衣一说？因为本土的小孩到了冬天没有不穿棉毛衫裤，甚至羊毛保暖裤的。这除了体质上的先天区别之外，可能是国际学校的孩子运动多，静坐少。校内的体育课和校后的运动量都远远超过本地的学生。

国际学校的学生对运动的喜爱和重视大大高于本地学生。很少听说国际学校里的学生不会游泳，不会打篮球，而在本土学校里，这些是无关紧要的旁门左道。老师没要求，学生们功课都自顾不暇，哪有时间玩这些？孙老师以前任职的英国国际学校曾和同一区的一所高中联谊组织过一次游泳比赛。比赛那天真是让人大跌眼镜。那个本地高中派出的游泳队看起来都人高马大，比英国国际学校的初中生高出一个头，可一下水，

* 孙蔚勤老师班上的七个学生，中间者为施嘉特

那叫姿态万千，几乎没有一个像样的。计划中的100米、200米项目，他们基本上只能游半程就耗尽力气，速度就更别提了。这让英国国际学校的游泳教练诧异得不行，说这样的水平也能叫游泳队？后来孙老师去了解一下，原来这个高中根本就没有什么游泳队，为了参加这个活动，老师轮班去问，谁会游泳？那些自告奋勇者就组建了这个草台班子匆忙上阵。

来参加的本地学生也很委屈，他们平时忙得要命，只在暑假里去公用游泳池戏戏水，学校也没有游泳池或游泳课，能扒拉两下不直接沉水底就不错了，哪想到差距会如此之大。那么是否只有这所中学特别差劲呢？其实不然。孙老师说，后来她打了一圈电话，问了不少重点学校，有个别学校还是有游泳池的，但他们基本上也没有固定的游泳课，更不用说很像样的游泳队了。尤其是一进入高中，学生都以学业为首，课外兴趣活动基本都和考试课程有关，这些无伤大雅的玩意儿就被扔到一边啦。

看看外国人和中国人在运动上投资的时间和热情，其实是从小就大相径庭了。我们常常看见外籍老师兴致勃勃地骑着自行车上下班，结伴从学校慢跑回家，周末参加民间性质的马拉松比赛，课后自发组织教师足球队、橄榄球队，和学生队或家长队较量等等。不少国际学校有开放的游泳池给教职员工，可是，来游的基本上都是外籍老师，会游的和游得好的也基本上是他们。

（二）才艺表演

国际学校里常常有带表演性质的晨会，轮到的班级，便将他们近期学的一个比较有意思的主题和大家分享。你会发现几乎每个学生都有说话的机会和展示的空间，虽然他们的水平的确参差不齐。晨会最后还会请一个孩子弹奏《生日快乐》，本周内过生日的小孩会上台亮相。孙老师说她有个学生，大概也就学了几个月的琴吧，断断续续地弹了一曲，观众一如既往地给予热情的掌声。而这样的演出水平或者展示方式在本地学校是不可能出现的。在本地学校能够上台的总是那么几个最出众的，表演的或展示的都是被老师反复训练过的，滴水不漏的，完美无缺的。

（三）大我和小我

美国学校浦东校区不提供一次性杯子，不是提供不起，是学生会倡导一种“绿色环保”的理念。每个教室门口都有一个写着“recycle”的箱子，请师生将用过一面的纸张放进去，会有学生定期收去做再利用。学校还有专门的组织带学生去贫困地区帮穷人造房子；大家闲置的衣物定期带到学校，有学生组织发送到慈善机构。即便是每年的“China Alive”的旅行中也一定有扶贫的部分。这次“China Alive”回来后，学生写了作文，很多孩子都提到和贵州或云南当地学生的交流。有个学生写“五毛钱对他们来说居然都是个大数字。我花了一元钱买了一包糖送给那个小弟弟，他拉着我的手舍不得离开我”。还有学生自己在结尾感慨“真感谢父母给了我那么好的生活，我觉得自己实在太幸运了”。

谈到本地学校在慈善精神上的教育，孙老师举了事例。她说她的小外甥女在本地学校读二年级。小外甥女本不是个冷漠的孩子，可是当被问及是否想过这么多用不掉的文具玩具可以送一些给灾区的小朋友的时候，她很茫然。有时孙老师批评她太娇气，跟她说贫困地区孩子和她生活条件的悬殊差别，她不喜欢听也没兴趣关心。可是，当四川地震，举国上下兴起捐款热潮时，本地各个学校也都很积极地参加。且看积极的后面，这些老师和领导是怎么启发组织的：孙老师的朋友所在的一个高中组织募捐，有个班主任走到教导处门口一打听别的班的数字，立刻识相地打道回府，重新发动新一轮捐款，因为善款的金额是要用来比较高下的，捐得少的班会被批评，捐得少的学生也会被班主任扣帽子。感觉上慈善行为还是很形式主义的。

（四）分数是隐私，排名是侵权

孙老师说，她那个上二年级的小外甥女曾经很有自知之明地告诉她：“我是班里的中等生，语文是第 × 名，数学是第 × 名……”如果你去问国际学校的学生，他哪个学科的排名，大多很模糊。孙老师曾经在讲台上讲评一次单元测验时，提到分数最高的三个学生，刚说了他们的得分，已经有学生在底下抗议了：“老师，请你不要再说分数和名字了。”

是啊，学科的成就怎么能代表一个学生综合的素质呢？文化课暂时的“差生”将来可能是篮球队的明星，话剧团的才子，管弦乐队的台柱……谁也不能简单根据一门或几门课的分数给孩子一个 “中等生”或“优等生”的标签，他们的路还很长。可惜我们本地的学生已经在这种简单粗暴的评判体制下麻木了,认命了……成了规格、批量生产的产品。

(五) 尴尬的中文老师

孙老师说,文以载道。作为中文老师,最好借助文学作品教书育人。

国际学校的课本内容都比较生活化,实用化,好处是联系实际,读来不枯燥,缺点是历史知识浅,传统文化弱。所以呢,我们小海归的中文水平,上街买个东西,打个招呼还是没问题的,一旦问他几个成语,考他一首古诗,就一问三不知了。更别说中国的历史朝代,糊涂点的连唐宋的先后顺序都排不清。孙老师说她有次让学生们说说他们知道的中国名人,全班15个人,想了半天,说了毛泽东、孔子、孙中山、李白,就没了。最后一个来自台湾孩子说"陈冠希!"(台湾的一个偶像明星,因为电脑里的艳照被盗而成为艳照门主人公),还好其他人也不看内地或港台新闻,所以大家没听出什么蹊跷来。孙老师说,我真的挺替他们悲哀的。那里面除了四个韩国人,一个马来西亚人,其他都是中国孩子,小时候在美国或者加拿大长大。如果对自己祖国优秀的文化传统,名家大师都一无所知,哪里能有什么归属感可言,哪里又能由衷地爱自己的语言呢?

* 上海美国学校(SAS)浦东分校的中文老师孙蔚勤

由于责任感的驱使，孙老师在编排课本的时候，每个单元都加一个“传统文化”的部分，放两首古诗，或一个古代故事。为了不让学生们感到枯燥，选的诗最好有故事有人物，譬如，曹操的儿子曹丕逼自己弟弟曹植写的七步诗，就能顺带把曹氏家族的故事讲一讲。古代故事呢，多选择智慧型的，比如晏子使楚、田忌赛马、完璧归赵、草船借箭，情节曲折有嚼头，还可以渗透历史背景。

施嘉特的班级属于听和说比较熟练，读和写程度还比较低，所以单元后面加的补充阅读要么是简单的成语小故事，要么是通俗易懂的笑话幽默。不过呢，孙老师说，我们中国的小海归们基本上还是比其他国家的留学生懂礼貌，守纪律，对老师更尊重更顺从。到底还是有中国家庭传统教育的痕迹。所以一般中文老师都愿意教亚洲小孩，不愿意教西方小孩。

孙老师此言倒是很客观的评语。我去参加上海美国学校的家长会，施嘉特的几个白人老师都表示，喜欢教中国国际学校的学生，相比之下，美国的高中生难教多了，他们太自由，太无师道尊严。

看海归同事

问起与学校外籍教师的交往经历和经验，孙老师说，和外国人做朋友比较简单，是即是，不是即不是，没中国人那么多算计和心眼城府。他们常常会真情流露，同时又会一板一眼。

孙老师和学校的游泳队教练是好朋友，孙老师教她中文，她教孙老师游泳。有一年暑假去英国，孙老师在她家住了一周。没想到，和她父母虽然素未谋面，但为了欢迎女儿的好朋友，他们忙活了一整个月，把家中最好的卧室留给远道而来的客人，因为这间房间是按照“中国式样”装修的。他们还请假排出日程，带着孙老师各地逛逛。住在那里的每一天，他们都会准备好pacage lunch（午餐便当）让她带上路。孙老师说，她简直感动得都想认他们做干爹干妈了。不过呢，出发前，游泳教练却很认真地告诉她，因为要开车带她去周围，所以油费得两个人平摊。这当然没问题。可是，中国人一定不会这样直截了当。

外国人比较讲诚信。为了能在英国旅游省钱，孙老师借了一个在英国读书的学妹的学生证，学生证买门票可以打折。这种事在中国是司空见惯的，她以前去山西的时候，当地的朋友几乎人人一个军官证——花钱买的。因为军官证进景点免费。十几天玩下来，她比他们在门票上多花销了一千多块。那个英国的学生证她本想让学妹快递到游泳教练家里，这样到了英国就可以用了，没想到教练一听就很不高兴，说你不可以这样，这是cheating（欺骗）！好吧，那就不用。孙老师说，和她住在一起的那一个星期，只好老老实实掏钱买票，后来的半个月，她还是小人了一把，靠那张学生证省了不少银子。

说到海归老师。孙老师说，海归们被西化的习惯不少。比如中国人晚上洗澡，外国人早上洗澡。她好奇地问从美国回来的朋友怎么处理这样的习惯冲突，她的朋友说，早晚各洗一次。那个朋友开车来接孙老师，她随意地坐在后排，朋友立刻生气了，说："你这样很不礼貌，这是把我当成司机了。在美国，朋友一定是坐在边上的。"

孙老师的这位美国海归同事不爱炫富，穿得很低调，吃得很营养。内衣买很高档的，外套却是不起眼的。不在虚荣上乱花钱，送礼请客都适可而止，不像有了点钱的国人，喜欢装门面，挥金如土。

孙老师现在的同事里也有一个是从澳洲回来的。平时孙老师和她常常贫嘴来贫嘴去，蛮开心的。对她的家庭背景，从来没打听过。不过，时间长了，周围的人言语之间带出的信息，慢慢知道她是大家眼里的"富婆"。她和老公都拿了澳洲身份，读到硕士。儿子也在美国学校读书，先生自己开公司，开的车是宝马的"叉6"，住在浦东世纪公园旁边的豪宅里，公公从前是香港银行界的一个大亨，他们家人乘飞机要坐头等舱……说这些，其实只是折射出在眼下的社会里，大家看待一个人一般目光焦点所在。孙老师说，对她初有好感，是因为她说话有趣；再添好感，是因为尽管她家世显赫，却从不见她炫富嫌贫。等有一天她说了一个段子，对她更加好感倍增。她回青岛老家，她的青岛朋友介绍她时总要说："这是我们在澳洲的同胞。"她总是立刻解释，"我都回来十年了，就是这里人。"然后，介绍到她的工作，因为在美国学校她曾经教过幼儿园，后来教到高中。她的朋友开玩笑说："还好你现在升了教高中了，不然和人介绍说你教幼儿园，多寒碜啊？"她马上纠正说，"教幼儿园怎么了？教幼儿园和教高中难道有贵贱之分？"末了，她还诚心诚意地说："做朋友，不是因为你有这个和那个的附件条件，而只能是因为你单纯喜欢这个人，这个人本真的性格和品行。"

海归义工范江平

范江平（John Fan）是我世茂湖滨的邻居，也是我们碧云国际社区“美食团”每月定期午餐聚会的组织者。海归之后，我在上海参加的第一次非文学活动中就认识了他。我们都习惯叫他John，他开朗幽默，很随和，不管海归太太们主意如何多，他微笑着眨眨眼，马上就能让大家意见统一。在他的旗下，我们步调一致，快乐上进。

快乐尽职的义工

无论是出国或是海归，对中国人来说，任何原因都不会引起惊奇，除了“义工”。武汉大学数学系毕业后出国深造，美国八所大学常青藤盟校之一——布朗大学应用数学系拿了博士学位后回来当义工……这就是John。

“我太太2006年8月被美国公司派到上海工作，我就跟随着来了，也就是大家常说的陪同伴侣，只是大多数是陪同太太，我是比较少数异类的陪同先生。”

当John简短地做了自我介绍之后，我也不由得睁大眼睛多看他两眼。当下我就对他说，“我要写你。”

他微笑着回答我：“写我干吗？我太平凡了。”

平凡么？是，平凡的选择，平常的心态，平静的叙述……在上海，在浦东，我们看到太多创业者脑力和劳力大比拼，看到世界五百强精英们不断刷新的辉煌成就……可是，在我这本书里，John则是我最想介绍给读者的一位。无论是采访，还是与他一起参加“咖啡交友”的讲座，我心里一直充满着感动和感激。

刚到美国的人一定特别有感触，怎么这里学雷锋这么风行呀？到处都有义工，人人都可以当义工，个个都当过义工，无论男女老少，无论什么年龄、什么职业、什么学历、家世背景，全民义工，乐此不疲。这就是美国最有代表性的精神之一。许多孩子小时候被父母、老师带着做义工，青少年一开始是为了挣学分而积极参与社区服务，但久而久之习以为常了，像晨跑、打球等健身运动那样，变成生活的一部分。随着年龄增长，小义工慢慢变成了社区终身义工。

在幼稚园，老师就开始培养孩子为大家义务劳动，譬如午餐时间帮老师分盘子、刀叉，餐后收拾桌面；每天放学前帮老师整理教室里的图书等。这个年龄的孩子就有父母把他们带出去做义工了。当然，这些四五岁孩子的父母本身也是义工，他们常常参与各种老人的服务项目，譬如为独居的孤寡老人送快餐。这是孩子们最喜欢的工作——推着小车送饭，简直就是再好玩不过的游戏。

再大一点可做的事情就更多了：为低年级的学生们读书、讲故事；暑假在社区图书馆帮忙组织读书有奖活动；在自己学校的服务员俱乐部(Usher’s Club)，为校内球赛、演出服务（卖票、卖饮料零食、发节目单、带位等）；给盲人、临终的病人读书、读报；为低经济收入家庭学业跟不上的孩子补课；教一些成年人使用电脑；在社区帮忙修理邮箱、油漆篱笆……我家两个儿子读六年级的时候，都在“Soup Kitchen”（施粥站）做义工。施粥站是为无家可归者提供免费晚餐的地方，由慈善组织提供的房屋、炊具，商家和教会捐献的食品。站里由几个常住的无家可归者负责照看，但给他们做饭的是学生。施粥站做美式饭，譬如意大利通心粉、牛肉土豆汤、蛋糕和苹果饼什么的。

还有的学生去食品库 (Food Bank) 做义工。美国法律规定，当天没有卖完的熟食品 (譬如面包、蛋糕等各种点心)，必须在商店打烊之前扔掉。学生们就抢在这个时间，把依然新鲜的食品分头送给社区的穷人。美国有很多组织可以提供给中小学生做义工的机会，譬如各大医院、医学院实验室、社区各种服务机构、红十字会、环保组织、戒烟 (酒、毒品) 俱乐部等等。中学生还可以帮忙护士把病人送到放射科等各个辅助检查科室；会不同少数民族语言的，可以给来自不同国家和地区的移民病患者做翻译等。美国前总统卡特，创办了一个机构叫“慈善住处 (Habitat Humanity)”，他自己就常去外面动手参与盖房子给买不起房子的人居住。

学生们做义工都不是由学校统一组织，而是自己去联系。义工的组织可谓名目繁多、五花八门，可能的选择成千上万。许多义工都需要相关的培训中心训练，然后才能被相应的组织录取。美国所有的民间社团组织，几乎全是依靠庞大数量的义工们来完成繁重的工作。很多人以为成年人当义工的多，实际上青少年做义工更普遍。根据盖洛普调查报告，目前全美有1 330万 (占总人数的60%) 的青少年，每周为社会奉献他们的时间和劳动，而成人义工大约占成人总数的50%。

当然，有些孩子一开始并不是很自觉地做义工，不过是因为学分的需要，后来就有了兴趣，很多学生都越做越入门，越做影响越大，到了成年、老年，义工变成了习惯，变成了生活的一部分。洛杉矶有一对10岁 (1998年) 的孪生兄弟希欧和尼可，获悉曾演《天才老爹》的著名喜剧演员比尔·卡斯比 (Bill Cosby) 之子恩尼斯 (Ennis) 在他的学校附近被杀的消息，大为震惊，由此，他们注意到身边的校园暴力，校园枪杀案，银行抢劫……兄弟俩去图书馆查资料，发现他们自己居住的城市每年竟然有150个孩子死于枪杀。两个富有责任感的少年仔细研究过法令提交程序后，向市议会提出枪支销售管制法案。虽然此案至今悬而未决，但已经在社会上引起很大的共鸣。两兄弟还成立了“洛城儿童之声（Kidz Voice-LA）”，并且发起一场反暴力的大游行，轰动一时。当时参与游行的有当地的地区检察长和警察局局长等。

对于新大陆的新移民来说，做义工是入乡随俗、融入社会的最佳途径。不少新移民都有这样的经验，新来乍到语言不好，没有工作经验，通过做义工获得训练，很快就能找到工作。而对上海的美国居民来说也是一样的，方便就业、融入社会、丰富生活，当然，还有他们自小培养出来的扶贫、帮助弱者的信念。

“咖啡交友”、“爱心河”与“爱心传递”

“刚来时，我在上海没有什么朋友。就来到上海国际社区中心。”John说，“这个社区中心的宗旨主要是帮助外派人员的家属来适应新的环境和新的文化，这样外派人员就可以能安心地工作。社区中心提供一些介绍中国语言、文化、饮食的课程，也提供一些交友的机会。每两个星期有一次‘咖啡交友’（Coffee Connection）的时间，大家一起来喝咖啡，同时还有一个讲座，介绍在上海的医疗、旅游、购物、历史等各个方面。我参加了‘咖啡交友’之后，认识了不少朋友，也了解到许多信息，所以我每次都来。”

“后来就参加‘咖啡交友’的组委会，开始做义工。我很乐意为社区中心做义工。我觉得我们刚去美国时，也有不少美国人帮助我们适应美国生活，现在正是我们回报的时候，我们应该来帮助这些外国人来适应在中国的生活，这样外国人才能更好地工作，也算是我们对中国经济间接的贡献吧。因此，除了‘咖啡交友’外，如果社区中心在提供中国语言、文化、饮食的课程时，任何时候需要帮助，我都会来。有时是当翻译，有时是当司机，有时他们缺少锅碗瓢盆，也会打电话找我，我就赶快把家里的拿来应急。所以他们称我是救‘火’队员。能够提供一些帮助，我感到很欣慰和快乐。”

中国人到海外，把最可口的中餐、最神奇的针灸和最难学的汉字带出去了。而今海归，我们又把世界顶尖的高科技带回来，把最先进的管理理念带回来，还有John，他把美国最可贵的“义工”精神带回来了。

除了“咖啡交友”，附属社区中心还有两个慈善机构，一个是“爱心河”（River of Hearts），一个是“爱心传递”（Giving Trees）。

“爱心河”的活动是将大家旧的衣物收集起来，来帮助偏远贫困地区的人们。每三个月一起整理打包，运往偏远贫困地区。每次都有六百多纸箱的衣物，能装满两三辆卡车。发起“爱心河”的是一个在南非领事馆任职的南非人叫Rudi，他从2004年发起，一直做到2008年他回南非，现在

* “爱心河”整理打包活动

由一对在中国工作的法国夫妇负责。John说，他被他们的爱心所感动，因此，他于2007年也参加了“爱心河”的组委会。每隔三个月，他们就一起来安排整理打包及运输活动，每次都邀请将近两百义工来整理打包，给义工提供午餐。2007年，John还和Rudi一起去青海考察，给藏族分发衣物。

“爱心传递”的活动是在春节前给那些在上海的贫困民工小孩提供一套新衣服鞋帽。负责人是一位外派人员的太太叫Joanne。她也做了六年多义工了。John常常鼓励他读小学的女儿积极参与“爱心传递”，和她一起为贫困小孩购买新衣物，从小培养她的爱心，让她乐于去帮助那些需要帮助的人。

2008年初，John又接触到一个“爱之家”的团体。这个团体在山西太原。他们从1998年起，接受身有疾病的弃婴，帮助这些弃婴治疗疾病，养育他们。至今他们已经接受弃婴100多人。这个团体的负责人是一位文质彬彬的女性叫戈洁。她原来是搞技术的。十多年前，她拾到一个有疾病的弃婴，因着爱心，收养起来。后来就开始这个“爱之家”。John说，我觉得他们真是太难得了。你想想，养育几个月大的弃婴已经是很不容易，他们所收养的大多数是身患残疾的弃婴。没有巨大的牺牲精神，是无法做到这么无私奉献的。由于这些弃婴不少需要手术，上海医疗条件更好，还有不少弃婴在手术前后需要较长时间的观察，为了更好地护理孩子们，他们就决定于2008年初在上海租一套房子，建立一个“爱之家”上海分部。John说，我很高兴在他们兴建“爱之家”上海分部时，给予他们一些帮助，之后也经常关怀他们。2009年7月，他还亲自去山西太原的“爱之家”，看望在那里的孩子们。

四川汶川大地震至今已经快两年了，大多数的救援团体已经离开四川，却依然有少数团体依然在四川继续救援和重建工作，“爱心行动义工协会”就是其中的一个。这个协会与安县政府合作帮助灾民重建生活。

安县有51万人口，273个村。“爱心行动义工协会”正在建立100个活动点，每个活动点负责两到三个村的居民。每个活动点提供图书室、活动室、心理咨询室、健身康复室等，由三个管理员负责。这个协会的主要负责人叫黄磊，他曾是武汉人民医院的骨科医生，为了重建工作，他辞去工作，远离家人，来到灾区工作。还有来自台湾的一个团队共八人参与到这个协会，长期地驻扎在灾区工作。这个团队曾经参与过1999年台湾9.21地震的重建，他们来灾区的主要工作是辅导培训。在上海的一个国际团体捐款建立并维持一个活动点的运作，还派短宣队去考察，也派出义工去办英文学习班等。John曾参加他们的短宣队去考察，看看当地的需要，再决定如何提供更多的帮助。

“回头看看来到上海这三年半，”John很动情地说，“我所接触到的有‘爱心河’，‘爱心传递’，‘爱之家’和‘爱心行动义工协会’，我确确实实被‘爱’包围着。在这个物欲横流的经济大潮中，大家都想占有得更多，以为占有更多才能更幸福和满足，但是，事实上真正的幸福和满足不是占有得更多，而是计较得更少。人贵在知足。在爱中，在给予中，人们才找

* John（范江平）和James（上海国际社区中心负责人）

到真正的幸福和满足。许多人注重在外在世界中占有得更多，总是需要得更多，其实这正是人们痛苦的根源。人们只有从外在的自我中解放出来，注重内在生命，才能找到人生真正的意义。我很幸运能遇到这么多很有爱心的人，在他们身上我看见人性的光辉，也看到人生的意义。我做的其实很少，但在爱中，我学会感恩，学会宽容，学会奉献，得到温暖，得到喜乐，得到幸福和满足，寻求到一条有意义的、丰富多彩的、超越自我的人生道路。我所能做的是很少的，却愿意在生活中尽心尽力地把爱活出来”。

在上海的老外

上海对外开放度高，内外经济联系面广，发展速度快，但是，与国际化大都市伦敦和纽约相比，上海的国际化程度还有待提高。

上海常住外国人口大概是10万多一点，而上海市常住人口是一千六七百万，外国人只占百分之零点几。香港有10%左右。伦敦和纽约比例最高。从这个指标来衡量，上海作为国际化大都市，要和伦敦、纽约接轨的话，还有很长的路要走。

但与其他国内大城市相比，上海还是比较领先的。据说，上海是全中国唯一设有专门的“外国人就业中心”的城市。而上海市外国人就业中心主任孙汉德，在这个中心工作了20多年，应该可以算是全上海最清楚“老外”往来状况的人。

孙汉德在接受《瞭望东方周刊》采访时回忆说，1996年“外国人就业中心”成立的时候，挤在陈毅工作过的江西路九江路老市府大厦门口的传达室，只有10多个平方米，很寒碜。1998年，搬到安远路45号，“也是在大厅角落里划了一块，天气热时，空气都不流通，很难受”。后来，劳动和社会保障局合并后，中心搬回中山南路，底楼整个大堂变成了外国人和台港澳就业中心，扩大到了500多平方米，气派多了。

现在，上海市外国人就业中心已经稳定在了北外滩一幢高级写字楼的二楼，1 000平方米的面积，28名工作人员，非常敞亮。等待就业登记的外籍人士在取号机上取了号码之后，安静地等待，井然有序。四次搬迁、不断扩容的经历，与外国人在上海13年间就业人数的变化趋势密切相关。

“13年增长了13倍”，孙汉德用数字向《瞭望东方周刊》讲述了这13年间的变化。

从1996年到2000年，当年新注册人数的数字变化不大，基本固定在四五千人。变化发生在亚洲金融风暴之后。2003年是个突破性的年份。尽管那一年中国发生了SARS疫情——照理说外国人来华数量应该是减少的，但那一年来的人却特别多，比前一年翻了一番，突破了1万人。到2006年，又是一个突破，又翻了一番，新办证的外国人数超过2万。2008年新登记的人数是2.5万，在上海就业的外国人总数是6.86万，再加上家属和留学生，目前常居上海的外国人口约为10万。从1996年到2009年，从5 000多到6.86万，13年增长了13倍。今年的世博会将带来一个外国人就业新高潮。

在上海的老外，日本人最多，美国人第二。其次在上海登记就业比较多的，是新加坡、德国、法国、加拿大、马来西亚、澳大利亚和英国人。他们在上海主要从事服务业和制造业。从事服务业的占50%，制造业占30%。从年龄上看，31—40岁的最多，占35%。其次是30岁以下的占25%。41—50岁的少一些，占22%，50岁以上的是10%多一点。还是年纪轻的比较多。

10多万老外，他们在上海如何过日子？ 2009年8月，新浪上海曾发过一篇调查文章，非常有意思。据说，上海“老外”有五个圈子：足球队、合唱团、太太会、中文学校、大学。

爱尔兰人麦克娶了上海女孩。2009年1月，正在攻读博士学位的他，决定到上海来学习中文，顺便完成毕业论文。麦克酷爱足球，来上海后的第一件事，就是找一支外国人足球队。通过E-mail联系，两周后，麦克和一群志同道合的“老外”在轨道交通二号线中山公园站集合，统一乘坐一辆巴士，前往位于金桥的足球场，从此开始了他每周雷打不动的足球赛。

大部分“老外”社团人员流动性较大，但秘鲁人帕美拉所在的国际节日合唱团（IFC）却是一个例外。上海的IFC成立于2002年，是北京IFC的姊妹团，每年会举行三场高水平的合唱音乐会，目前有成员65人。2004年加入合唱团的帕美拉，负责团内的宣传工作。IFC每次的演出曲目都是多种语言的，母语是该语言的成员就成了临时老师，必须负责纠正每个人的发音。合唱团里十多名中国人就曾教唱过《茉莉花》。对在异乡生活的“老外”们来说，社团是认识新朋友的重要途径。IFC团员英国小伙朱利安和一位日本姑娘因对音乐的共同爱好走到了一起，先后加入合唱团，最终步入了婚礼殿堂。

老外社区圈中，“太太会”的聚会是最活跃、最丰富多彩的。浦东金桥的碧云国际社区、浦东联洋社区、浦西古北新区，是沪上三个知名的国际社区，以“老外”住户“扎堆”闻名。碧云国际社区成立于上世纪90年代初，外籍家庭已有近千户，多为跨国公司驻上海的高层管理者。联洋国际社区吸纳了陆家嘴和张江高科技园区内的“老外”，境外人士的比例已接近50%。古北新区目前老外住户约占四分之一。碧云社区所属金晨物业的宋先生介绍说，社区内的“老外”住户们相互之间都很熟悉，“他们要么是同事，要么来自同一个国家”。先生们工作忙，但他们的家人倒是经常走动，太太们还成立了一个“太太会”，经常租用小区会所办聚会。每到万圣节、中秋节、圣诞节等节日，物业会举办联欢活动；到了夏天，还有啤酒节、纳凉晚会。最近，浦东新区第五届中外家庭社区文化节在碧云国际社区广场开幕，千余张对“外”入场券早早地被“老外”家庭一“抢”而光。可以说，社区是这些“老外”家庭最为重要的社交圈。

中文学习圈也是很普遍的，日本学生市村就读于上海外国语大学留学生院三年级。2004年，他高中毕业后到天津读了2个月的中文培训班，同年9月，来到上外读本科，学的是中英双语专业。市村的中文好得令人吃惊，能熟练地运用诸如“囊中羞涩”之类的成语。目前，市村与复旦的几名中国学生在校外合租房，除了同班同学外，室友是他接触最多的人。课余时间，市村会和他们出去打保龄球、逛街。他最熟悉的是七浦路，“在那里砍价要狠，至少砍掉三分之二”。

招收海外留学生的高校，自然也是一个圈子。据了解，有来自50多个国家的1 200多名留学生在上海外国语大学留学生院就读。留学生每周一至周五上午有4节必修课，下午可根据各自兴趣爱好选择书法、太极拳、二胡等选修课。学习之余，学校也会组织各种活动，比如每年安排学生去周边的江南古镇春游，回来后写游记、举行作文比赛，每年还会举行外国人唱中国歌比赛等。充实的学习生活，是留学生生活的主旋律。

小二与卡佛

小二与卡佛

小二与卡佛初识于四年前，当时他在苏童的《一生的文学珍藏》这本书里第一次读到卡佛的小说。那篇小说是主万先生翻译的《马辔头》。他感觉读卡佛小说与以往的阅读体验很不一样，于是立刻去图书馆借了所有的卡佛小说来读。尤其是读了卡佛的《论写作》之后，他越来越认同卡佛的创作理念。

后来，陆续读到一些卡佛早期的小说中译本，有些译本在英文俚语和习惯用法上都存在一些错误，有些译者在翻译过程中不知不觉地加入了译者本人对作品的理解，从而削弱了读者阅读卡佛小说应获得的愉悦，这让小二产生了尽自己最大努力把卡佛作品忠实地介绍给中国读者的愿望。他希望通过自己的翻译，能把卡佛作品微妙的地方表达出来，传递出去。

小二最先把卡佛的《论写作》翻译成中文。这篇文章在网上被多次转载，由此更加引发了他研究卡佛小说的兴趣，于是他着手开始翻译卡佛的短篇小说。在豆瓣上，有一群卡佛小说的拥戴者和翻译爱好者，每次他把小说翻译的原文和初稿贴在豆瓣上，都引起爱好者们的有益建议和修改意见，如此良性互动，促使一篇篇译文诞生，最后，水到渠成，结集出版。通过翻译卡佛的作品，小二在豆瓣网和“寻找雷蒙德·卡佛”网站上结识了很多卡佛爱好者。

现在做翻译比以前容易多，也难多了。小二说，容易，是因为网络便捷，什么资料都可以查到。难，是因为读者的水平普遍提高，要译得让人心服口服不是一件容易的事。在英文俚语和习惯用法上，有长期美国生活经验的人比较占优势。小二有了这个优势，再加上有豆瓣译友的集体智慧，可以说，小二版的新书《雷蒙德·卡佛短篇小说自选集》比其他的版本更有优势。

真不是自夸，小二说，现在我真可以算卡佛专家了。

我相信小二如今的确是卡佛专家了，因为没有人像他这样对一个作家和作品如此着迷，如此钻研。他阅读了几乎所有的卡佛原著、创作谈、采访录，以及他人对他的评论。一提起卡佛和他的创作，小二侃侃而谈。

他认为，虽然卡佛的父亲做过建筑工人和锯木场的锉工，母亲则做过餐馆女招待、站过柜台。卡佛前半生从事的大多是低收入的蓝领工作，如锯木场工人、药店送货员、医院清洁工和汽车加油站工人等等。他的作品也都是以社会底层人物为主，但是，真正喜欢，能欣赏卡佛作品的人，并非蓝领阶层，而是知识分子，尤其是从事小说创作的同行。

卡佛的小说戏剧性不强，叙述平淡而有节制，甚至可以说是用一种模糊的叙述方式。小说的用词和句式都很简单，极少使用修饰性的词汇，侧重暗示性的叙述，避免过分的渲染。卡佛因此而被评论家们贴上了“极简主义”(minimalism)的标签。他在小说中注重对话的真实性，大量采用俚语和口语。对人物性格的刻画往往通过对话和对一些细节的描述来实现。读者有时会发现卡佛的一些小说的叙述模糊，甚至“漏掉”了一些情节，这使得小说进程中出现某种“空缺”并产生歧义。卡佛正是借此来表现现实世界的不确定性以及认知的局限性。卡佛拒绝解释和阐述性的文字，尽量让叙事者和所述事件保持一定的距离。很多卡佛小说中的人物

*《雷蒙德·卡佛短篇小说自选集》（雷蒙德·卡佛著，汤伟译，人民文学出版社2009年）

缺乏相互的理解，无法清晰地表达自己的感受。这种沟通上的缺陷使得人物陷入一种难以自拔的状态。卡佛还通过叙事者对事件模棱两可的叙述，让读者对叙述者和故事本身产生怀疑。这种阅读过程中产生的困惑和不自在有利于读者感受小说中人物的困惑和不自在。而其特有的开放式结尾常使得读者有被悬在半空中的感觉，迫使他们在放下书本后还继续关注小说人物的命运。

小二尤其欣赏卡佛在小说中拒绝使用修饰性的词句，也许他是理工科出身，简洁明了、开门见山是最习惯的思维方式。小二说，在卡佛的小说里你读不到“你痛苦地说”，“他开心地笑了”这一类的句子。最常见到的是“他说”，“她说”。这也曾招来部分评论家的批评。卡佛只借助对话内容来表现对话者的性格和对话时的情绪。他试图让人物的对话贴近现实，所以对话往往是短促断续的，对话双方经常答非所问，对话有时并没有一个终结。在《阿拉斯加有什么？》这部小说里，卡佛把这种对话艺术表现得淋漓尽致。小说的故事非常简单，一对夫妇到另一对夫妇家做客，他们在一起吃喝和抽大麻，期间谈到玛丽和杰克有可能搬去阿拉斯加。卡佛非常喜欢采用这种两对夫妇之间对话贯穿通篇小说的设置，同样的设置还出现在小说《谈论爱情时我们都在说些什么》、《把你的脚放在我鞋里试试》和《羽毛》里。这种设置给他设计多个人物之间的交叉对话创造了条件。

以前，我们曾经对欧·亨利式的小说结尾津津乐道，其实，卡佛小说结尾才更有味道。小二说，卡佛小说的一个重要特点是其开放式的结尾。他在小说的结尾处常常不给出终结，而是用模糊的口气暗示一种即将到来，但很可能是更加糟糕的结果。这样的例子在这篇小说集里比比皆是。一位评论家说卡佛的小说“不仅告诉我们哪儿出了问题，而且还暗示了等在下一个转弯口的灾难”，而这个等在转弯口的灾难往往比那个已经说出来的还要大。比利时作家阿利亚斯·米松（Alain Arias-Misson）说卡佛小说“往往结束在悬崖边上，故事中的人物被吊在不确定的空气中”。这种悬而未决式的结束在读者心里造成一种不自在，迫使读者顺着小说中留下的蛛丝马迹去寻找答案。评论家往往从艺术角度来分析卡佛小说的结尾，而卡佛却把这归结为他所描写的对象。他认为“给我所描述的人和事一个完善的结局是不恰当的，从某种程度上说甚至是不可能的”。他说尽管他尊重那些传统的写作方法，但他认为“一个作家的工作，不是去提供答案和结论。如果故事本身能够回答它自己，解决它的问题和矛盾，并能满足它自己的需求，这就足够了”。

从美国德州达拉斯外派来上海近四年，小二是利用业余时间翻译了《雷蒙德·卡佛短篇小说自选集》。接下去他将翻译澳大利亚作家Andrew Lindsay的《面包师的狂欢节》（*The Breadmaker's Carnival*）。他说，他怀着学习的目的来翻译自己喜欢作家的作品。Andrew Lindsay作品的风格与雷蒙德·卡佛迥异，这将带来新的挑战，也是小二期待的学习过程。

小　二

与卡佛相比，小二与我的缘分似乎更深。从新泽西州、德州达拉斯到上海浦东，十几年来我们一直都是邻居。不仅是邻居，我们还是文友。邻居加文友，自然就更知根知底了。

小二有时用卡佛式问句问人家，你们知道我和施雨在达拉斯做邻居，是多近的邻居吗？不等他人反应过来我就抢答，“近到小二与他太太每天十指相扣饭后百步，都要经过我家门口”。当然，还有更近的事，小二和我老公、儿子常常一起打篮球。我在球场边，为打排球的小二太太喊过“加油”。

自小二开始翻译卡佛，声名鹊起，常有报纸杂志专访。这些访文让小二又爱又怕。爱的是，自己喜欢卡佛，也弄得很多人喜欢上卡佛了，颇有拉人下水的得意。怕的是，记者常常好心好意添油加醋，把小二夸成一朵花，让小二太太有些生气。

在参加《雷蒙德·卡佛短篇小说自选集》新书签售会后，小二与我一同回浦东。他说，我太太看见记者写的访谈录，其中有一句“小二在美国过着富裕的生活”。她不乐意了，问我：“你觉得你富裕吗？”我赶紧安慰她，说在国内记者眼里你的确是富裕的啊，至少是美国中产阶级的水平，你们夫妻双职工，两份收入，拥有两种房子，一种自己住，另一种出租。小二又说，我太太问我，现在有粉丝了吗？我问，你怎么回答？他说他赶紧回答，没有没有。然后，我们两个站在路边大笑。

小二是个机智、幽默、腼腆的大个子男生。学名汤伟，兄弟中排第二，因此取笔名小二。小二毕业于清华大学电机系，1988年去美国深造，获博士学位。2006年回到上海，加入一家台资企业，担任研发部门的主管。在上海，他以学生时代和在美国合唱团主力的雄心，发起了一个合唱团，号

小二（汤伟）签售译著 *

召各个部门的年轻人来参加。公司在浦东的工业园区，20多个职员下午四点排练一小时，到五点钟下班坐班车回家，排练三个月，在一次公司内部的演出之后，这个合唱团无疾而终。

“现在的年轻人都很好强，上班努力工作，下班之后还要学习，参加各种培训，在上海这样的地方，想买一套房子结婚是一件很困难的事情，他们都受过很好的教育，但生活的挣扎对每个人来说都大同小异，他们或许根本就没心情唱歌，可能还觉得我这个老头儿怪怪的。我是七八年上的大学，八八年就到美国去了，有时候我觉得我们那帮去美国的人，就像到那里建立了一块文化保留地，没有跟着中国这20年快速发展，所以还保持着80年代的一些特点，喜欢文学，喜欢和艺术有关的东西。”小二如是说。

小二不小也还不老，不到50岁，因为打羽毛球、打篮球、骑车上下班显得更年轻些。可惜，公司里没人和他谈论诗、小说和卡佛。

从清华大学毕业之后，小二于1985年分配到成都工作，就和李亚伟、万夏等四川莽汉派诗人认识了，那时候开始写诗。不过他说，写诗是个辛苦活儿，写了20多年，自己满意的诗也就20首。到美国小二开始写小说，他说，都40多岁了，忽然有了灵感，想写的是一帮中年人，他们对失业的恐惧，其实他们什么都有了，又害怕失去，他们到美国来，然后被生活拖着向前走，不知道自己究竟要什么。

在“红墙论坛”和“文心社”上都可以找到小二的作品，其中一首诗叫“自画像”，分成两段，第一段写于1987年：“带着未泯的童心／抓各色彩笔／随意地写／人生。”第二段写于1999年，“十年前的那幅画像／已被妻女们／涂改得面目全非／异国画布上的我／陌生地看着自己”。

在美国的20年，小二一直保持着看小说的习惯，起初是邮购，然后在当当网上买书，那些书漂洋过海，两个月后到达他在美国的家，阿城、毕飞宇、莫言、苏童、余华、格非、朱文等的小说，他像个文学青年一样回母校清华大学拜访在那里当教授的格非，格非说，《红楼梦》和《金瓶梅》最好看，于是小二再次捧着《红楼梦》看，依旧看不下去。格非和小二还聊起雷蒙德·卡佛，“卡佛的小说，词汇量不大，你们学工科的人写小说，不能像文科生那样讲究词汇，多看看卡佛的小说有帮助”。

也许格非的话，也是促成了小二与卡佛的缘分。

许多人好奇，问小二，翻译卡佛收入多少。小二说，初稿加修改，平均六小时翻译一千字。折合人民币是每小时10元左右，和上海阿姨的工钱同价。然后，他马上会搬出他的责编安慰他的话：“50年后还有人读你这本书。”

人生在世，五子登科是经济基础，写书译书是上层建筑。

裘小龙：从上海诗人到英文小说家

与裘小龙第一次见面是在美国德州达拉斯第二届国际书展上，裘小龙和我均被邀请做演讲，那次国际书展的主题是“亚洲”。

以“陈侦探系列”小说受到美国读者的广泛好评的裘小龙应邀所做的主题演讲是介绍他的五部推理小说。

见到裘小龙之前，我先看到他得奖的消息，之后才读他的小说。这似乎是很多作家相识的必经之路，尤其在海外。

裘小龙是以英文创作的华裔小说家，1953年生于上海，师从著名诗人卞之琳，中国社会科学研究院硕士。80年代以翻译艾略特和美国意象派诗人的作品而闻名。1988年获美国福特基金会赞助赴美深造，开始以英文创作，1995年获华盛顿大学比较文学博士学位。2000年开始，他的系列侦探小说被翻译成多国语言，首部《红英之死》入围艾伦坡小说奖和巴里小说奖，并获2001年安东尼小说奖，为世界首位获推理小说最高荣誉的华人。最新短篇小说集《红尘岁月》（*Years of Red Dust*）由香港中文大学出版社出版，同年被评上“《亚洲周刊》2008年十大中文小说”。

诗人写小说

20世纪80年代初的时候，裘小龙师从著名翻译家卞之琳先生，卞之琳先生不仅译诗写诗，还曾用英文写过一部小说《山山水水》。裘小龙说，当时很有趣，多半时间他是在卞先生家里上课，氛围很随和，也很家常。卞先生经常讲以前他自己怎么跑到伦敦郊区写小说的故事。裘小龙听得既钦佩又羡慕，当时他就想，哪一天自己也能像卞先生一样写小说就好了。就是从这时起，他有了写小说的念头。因而，闲来无事时，他也就喜欢看看侦探小说。

译诗之前，裘小龙也写诗，但他发现，写上海的更多是外地来上海的诗人。外来的和尚真能念经啊。创作者是需要迁移的，在迁移中，从外界环境的改变，到内心的强烈体验，都是写作的好素材。新移民往往比旧居民更有创作冲动。裘小龙说，倒是后来离开了上海，对上海的记忆越来越鲜活、越来越强烈而清晰，写诗的感觉也不一样了。在美国，他除了用中文写诗外，也用英文写诗，甚至还获得过类似“美国州桂冠诗人”的荣誉。他在美国出版过一本英文诗集，现在还准备再出第二本英文诗集。

1995年拿到比较文学的博士后，裘小龙经常回国小住，感受到这些年改革的大变化，于是就想把这一切写下来。1996年时，他尝试写过一首反映中国社会变化的长诗，但却不太满意。也许诗歌更擅长于抒情，但要写比较大的场面尤其是描写这个转型期中的社会，就有点力不从心了，而小说却在这方面会更得心应手一些。据他回忆，写第一部小说时，一开始他并没有想写侦探小说，只想写一部关于中国现代社会与文化的小说。后来小说写着写着，阴差阳错，慢慢就成了一部侦探小说，或许，这正是他以往看推理小说日积月累的自然结果，侦探小说的思路、结构、套路都是熟悉的，这就给他提供了一个写长篇小说比较现成的框架。

喜欢裘小龙小说的读者，都对陈探长印象极深。虽然这位诗人刑侦队长名叫陈超，却并不像福尔摩斯或波洛那样神机妙算、无所不能。这个主人公倒更加像一个居于两者之间的人物，是英雄与反英雄之间的人物。陈探长当然是个好警察，但是他破案有时要碰运气。有时在这样的环境里，破案也很困难，甚至根本破不了案。裘小龙最近的那部小说，也就是

第六部侦探小说《毛字号案件》(*The Mao Case*),在这部小说的最后,陈探长并没有成功,他觉得自己接这个案子失败了。但他还是尽了自己的努力。当然,陈超的魅力对西方人来说,或许更多的是来自他自身——他是时尚人物:毕业于北京外国语大学,年轻英俊,既是党员又是诗人,还是中国作家协会会员,在官场、职场、情场中都游刃有余。在破案过程中,陈探长还不忘精神和物质的双重享受:读李商隐、吃大蟹、说英语、下舞池……除了"子曰"之外,艾略特(T.S.Eliot)的诗也张口就来:"我们所有旅程的终点,都是踏上我出发的地点,并且第一次真正认识这一地点。"把老外都唬得一愣一愣。

诗人写小说在语言上肯定占优势,而裘小龙却得寸进尺,把自己的特长发挥到极致。不但在小说中过足了诗歌瘾,借主人公的笔大肆抒写自己的诗,还用英译中国古典诗歌,穿插在现代悬念故事之中,甚至在《外滩公园》中,安排以一首诗作为破案的线索。难得的是,作者写得痛快,读者看得喝彩。他以自己独特的表达方式完全征服了西方读者。在西方人看来,探长陈超替代陈查理是个有趣的体验,当年陈查理(Charlie Chan)的形象经美国作家毕格斯(Earl Derr Biggers)的手,成了很长一段时期美国

* 裘小龙与德文翻译在维也纳

人心中“最熟悉的中国人”之一。但这个西方人刻画的东方角色缺乏男子气概。西方长期以来对东方人（尤其是中国男性）一直是这种刻板印象，好在距这位陈姓探长谢幕70年之后的今天，经裘小龙之手，东方人的形象有所转变。裘小龙说：“我也不希望他们面对中国的理解，还停留在女的是小脚，男的是长辫子。”

裘小龙首部《红英之死》入围艾伦坡小说奖和巴里小说奖，并获2001年安东尼小说奖，《红英之死》还入选纽约《新闻日报》2000年十部最佳小说。《华尔街日报》更把《红英之死》评为有史以来最佳的十部政治小说之一。他的陈探长侦破推理系列中《红英之死》、《外滩花园》、《石库门骊歌》等，被美国哈佛大学与加州洛杉矶大学的历史社会学系列为教材使用。他的《外滩花园》、《忠字舞者》等均是英语世界的畅销书。

有人好奇，问裘小龙：“你的小说是严肃文学还是通俗小说？”他坦率地回答：“这还是要由读者来定。对我来说，当然不希望光写一个破案故事。比如说，我许多小说，一开始构思时并不是侦探破案的小说。比如第三本小说《红和黑》，原来是考虑价值观的问题。在这种时代价值变化之中，人物发生了悲剧。又比如第五本，《红旗袍》，本来也是考虑文革已经过去这么多年，可是，在中国，文革还是大家不能多提的一件事。作为作家，你会思考，文革到底在现在的中国还有没有影响？所以，对我来说，并不是光想写一部侦探小说，我实在有自己的想法。也许，这就和刚才提到的通俗文学和严肃文学那样，可以在通俗的作品中有严肃的思考。”

裘小龙谈自己的写书之路，总挂在嘴边的一个词，是“好运”。身边很多美国朋友用母语创作，也未必能出版；他送出的第一份书稿就被出版社采纳，并签下了一系列三本的合约。签约时太开心，签完了才知道连写三本不容易，“写完三本我以为可以休息下了，结果第二家出版社找上门，唯一的条件是继续写这个系列”。没想到，陈超的侦探故事就这样竟也停不下来了，裘小龙也被冠上了侦探小说家的美名。

从侦探小说到社会小说

见过裘小龙的人，几乎都会在心里打个问号，他会写侦探小说？看起来很邻家、很没有阴谋的样子嘛，见人未语先笑，说话不紧不慢，眼里也找不到任何诡计多端的色彩。

“我不只想当侦探作家，”裘小龙还是笑眯眯、很没有阴谋地对你说，“这些年，在写关于中国的作品的时候，我一直在想，中国的很多事情很难孤立起来看，它们总是会牵涉到许多方面，与历史有关系，比如和文革、和文革以前的反右有关系。这在今天都会反映出来。历史都在那儿。我一直想写一本书，写从1949年到现在，中国的种种变化，包括意识形态和文化的变化，甚至包括冲突。在这样的前提下，用一种一年一年往下写的方法，50年代、60年代、70年代，直到现在，每个阶段都有故事，这样一来，读者可以发现，一件在当代发生的事，它和历史是有联系的，它的发生与结果和以前有种种关联。”

这就是裘小龙的首部社会小说《红尘岁月》。

红尘坊的故事由1949年的一个晚上讲起，有钱人当夜都急着离开上海，为了从中牟利，红尘坊的耿老根向人借了一辆车接载焦急的人们，不料竟在路上遇上了正急于赶往机场的京剧演员筱。耿老根自发送筱到机场去，作为答礼，筱将写着自己首次登台节目单的黑板送给了老根。就在那一夜，上海在“蟋蟀的哀鸣”中解放了，而那块黑板，就在往后的岁月为红尘坊转载了一篇又一篇的黑板报。

一篇楔子和23个故事组成了《红尘岁月》，黑板报是个奇妙的平台，每个故事的起首都有一段红尘坊黑板报作为引子，黑板报记录了当时的社政大事，而接紧着的故事，则诉说了上海市民在时代洪流下的生灭消长。黑板报让每个独立成篇的小说在这里交汇，23个故事从形式到内容都相互指涉，令整部小说有一个统一完整的面貌，故事串联起来涵盖了上海半个世纪的变迁：从1949年新中国成立到海峡两岸建立直通航班的今天，无所不包。

外表忠厚的人，往往有一颗敏感的心、求变的灵魂。在一般的侦探小说里，社会不过是悬念的装饰布景，然而在裘小龙的侦探小说里，却将这种宾主关系对易。《红尘岁月》亦因为继承了这种圆熟的技巧，以及丰厚的内涵，再现了上海半个多世纪沧桑，所以法国《世界报》才把英文原著《红尘岁月》翻译成法文，一连六周连载，电台同步播出，广受瞩目，这股热潮并延烧至德国等其他欧美国家。《红尘岁月》中文版由香港中文大学出版社出版，同年被评上"《亚洲周刊》2008年十大中文小说"。

2008年4月，裘小龙应邀在香港中文大学作驻校作家，这个计划为小说集提供了滋生的沃土。白天，裘小龙用英文创作，夜间便传到法国，翻译为法文，最终整理成书稿，一天天的流水操作，催生了这部作品的提前完成。《红尘岁月》是裘小龙的一次漂亮转身。他笑着说："很高兴，这次可以证明我不是只能写侦探小说了。"虽然名称变了，形式变了，故事的主人公也有陈侦探变成了先后在弄堂里生活的寻常百姓，但他的思考没变，那些故事，对于自小生活在弄堂中的他来说，熟悉似自家事，又陌生如隔世愁，他依然是以社会学的角度来看待自己笔下的人物。裘小龙不是一个容易被归类的小说家，研究者将之视为社会小说来作研究讨论似乎更明智。

血液中浓浓的上海味

在通读裘小龙的七部小说之后，你一定会有个发自内心深处长长的感叹：服了这个上海男人！

无论是《红英之死》里的上海酒吧，《外滩花园》里的外滩花园，《石库门骊歌》里住在亭子间的女作家，还是《红尘岁月》里23个故事……裘小龙小说里几乎所有的故事发生地始终是上海。

我对他说，你的上海情结这么严重，我不得不写你了。他理直气壮地说："一个作家一般总是选择他感情深处最熟悉、也最亲切的题材，只有这样才能写出感觉来。"

* 童年时代的全家福，右一为裘小龙

* 裘小龙与妻子参加女儿的高中毕业典礼

关于上海人的上海情结，洪烛在《北京人和上海人的是是非非》一文中有很精彩的描写：上海总是在怀旧……在上海，只有一百年历史的名宅、教堂、老饭店，似乎都值得当地文人们去凭吊、徘徊、抚今思昔、涕泪交错。而北京有那么多货真价实的名胜古迹，主要是用来吸引外地游客的，本地人没事很少去闲逛或伤怀的。

前两年，上海和平饭店还有一支爵士乐队，全是80来岁的老迪克（老迪克，玩家绅士的意思，来源英文“Stick”，文明棍）。上海兰馨大戏院，在门口迎客的都西装领结整齐，头发上发蜡油亮，一跨进门就回到旧时光。现在的年轻人去新天地多少也有对旧上海的怀念。在衡山路，还有一个叫时光倒流的酒吧，老式留声机、老式打字机，即使不能用了，也要摆在那里。上海人需要这样可以缅怀的传统和历史，就是没有，编也要编一个来满足人们对旧日情怀、情趣、情调的追求。

裘小龙笔下随处可见怀旧的上海人。《红英之死》里的小迪克，虽然是资本家的狗崽子，却不肯夹着尾巴做人，对黑五类的背景还感到自豪，改父亲的旧西装穿，哪里有好咖啡就去哪里品尝。对西方文明极其认同、推崇。在《毛字号案件》里，也写了一个老迪克的生活，一幢老洋房里，每周有派对，全是上个世纪二三十年代的派头。舞会一定放老歌，老歌一定要用老式留声机，听完了，一定要用手帕把唱片揩揩。他们完全陶醉在自己营造的氛围里，在这样的往日情调里，他们找到生活的乐趣和价值。

《红尘岁月》出版后，在德国和法国的书展上，还配了一个纪录片，背景就是上海弄堂石库门，裘小龙在巷子里走着……片中介绍了不少上海的风俗习惯，譬如，男人不能在晾着的女人衣服下面走过……但是，弄堂那么窄，行人那么多，拍摄的时候错不开，在话外音之后，观众马上看到正好就有男人从女人衣服下面走过……于是哄堂大笑。

这几年，裘小龙在上海体验生活，在美国写小说，像海鸥一样来去。

我告诉他我海归了，定居在他的上海。他非常高兴，于是又跟我说了好久说不完的上海。他说，你看出来了吗？我书中的主人公都是上海人，其实他们就是上海的象征啊，是传统的东方人，又能说很好的英语，东西方文化巧妙融合……

国际比较教育学专家郭玉贵

几乎每一个人都当过学生，但并非每一个人都有机会当教师。教师是一种什么样的职业呢？美国作家法兰克·迈克寇特（Frank McCourt）曾在大都会纽约执教30年，他在自传里生动地描写过教师这个职业的特色：“没有一种行业像教师这样，按着铃声打仗，每45分钟冲锋陷阵一次。”

如果天下的教师都是每45分钟冲锋陷阵一次，不同国家教师冲锋陷阵的策略、方式、内容一定不同。毕竟，谈教育离不开教育制度。有什么样的教育制度，就有什么样的阵仗。而美国教师、美国学生、美国教育一直是个热门话题，因为，美国科技、美国财富、美国人文一直受全世界各国的注视，而教育最能体现一个国家、民族的人文基础和特色。

近年来“素质教育”一词常常被人们挂在嘴边。什么是素质？什么是素质教育？或许不是每个人都清楚，不少人还以为素质教育是一种高深莫测的理论，或者某种新奇的特殊训练，其实不然，“素质”是一种“人”的因素，每个国家的人文环境不同，因“人”而异，故素质教育也不尽相同。不过，总的说来，素质教育就是一条人人必经的成人之路，是一种包括了心灵教育、知识积累、智能开发、品质培养等的综合训练。

我不是教育家，仅仅是作为两个孩子的母亲——美国出生成长的第二代华人受教育的观察者和参与者，写下一些对美国中小学教育的认识和体会，多年来，积少成多，在海内外的报刊上开了专栏，出了书，颇受学生、家长和老师们的欢迎。其实，任何一种教育都离不开国情，任何一种教育也都有其优缺点，取长补短才是最佳选择。

与美国海归郭玉贵教授相识，缘起《美国教育面面观》系列丛书，这套丛书的负责人就是郭玉贵教授，而我应邀书写美国教育其中的一部分。谈起中美教育的比较，我们有太多的共同语言，虽然一个是学院派，一个是民间派，却可以无话不谈。

独特的学术生涯

如果说新中国60年来的发展历程充满了艰难与曲折，那么伴随其成长的这一代人的人生经历也必然深深烙上该时代的印记。孕育于这一特殊时代的群体所具有的坚忍不拔、百折不挠、自强不息、不断进取等特质显著地贯穿了郭玉贵教授的人生经历：郭玉贵教授出生和成长于上海，经受过“土插队”和“洋插队”的双重历练，在国内获取的三个高等教育学历横跨了三个不同专业，在经历若干年的中学第一线教学实践并取得傲人的成绩后，于80年代中期又回归高等学府从事教育理论研究。

自1986年起迄今，郭玉贵教授已在国内外教育理论领域工作了25年。他1989年毕业于华东师范大学比较教育研究所获硕士学位，1998年毕业于美国纽约州布法罗大学获国际比较教育学博士学位。1992年出国前在复旦大学工作，在美国曾先后任职和合作于多家研究机构，现为上海财经大学高等研究院全球教育研究中心主任，同时兼任四川大学苏州研究院美国教育研究中心主任、美国亚洲文化学院教授、北京师范大学国际比较教育研究中心兼职教授、美国国家科学基金会（NSF）咨询顾问、美国智库Bridging Nations学术顾问、21世纪教育发展研究院特约研究员等国内外学术职务。

美国教育系统中的东方风

美国一向自忖先进的教育系统在信息化、全球化的当今世界正在面临着挑战。美国的教育制度如何才能成功地培养出足够的高质量理工科学生以满足其日益增长的人才需求？这一制度到底存在怎样的问题？美国又该如何克服？在2005年10月《华盛顿观察》周刊的专访中，国际比较教育学专家郭玉贵博士围绕当时自己的新书“《亚洲的教育优势》——日本、韩国、台湾地区、中国和印度的当前教育成就”（*Asia's Educational Edge: Current Achievements in Japan, Korea, Taiwan, China, and India*）以及其他研究成果谈到了自己的看法。

多年来，美国与其他国家的关系呈现出一个奇特的现象：在技术、资金、信息和产品的流通上，美国被世界上绝大多数国家所依赖。反过来，在全球人力资源的流通上，美国是最依赖于外国的国家，尤其对日本、韩国、台湾（本书自始至终将台湾视为一个地区经济）、中国和印度五个亚洲国家和地区依赖程度最高。2002/2003学年这五个亚洲国家和地区的留美学生总数占据各国留美学生总数的45.1%，尤其在高层次的理工学科所占比例更高。

郭玉贵博士告诉《华盛顿观察》周刊：“在冷战时期的1957年，苏联的人造卫星首次上天以后，作为其主要竞争对手的美国痛感到自己在理工科技教育方面的不足，于1958年通过了《国防教育法》（National Defense Education Act），开始了二十世纪的第一次教育改革。”

这次改革的中心内容是由联邦政府增拨大量教育经费，加强科技方面的教育，训练人才以对付“人造卫星的挑战”。同时，在美国理科生源不足的情况下制定了“天下英才为我用”的引进理科人才的政策，这一政策终于使美国于1969年领先苏联实现了登月计划，但也直接造成了上述郭玉贵教授在上海财经大学做演讲"美国的教育结构和西方的教育理念"

对国外留学生的高度依赖的实情。

在《亚洲的教育优势》一书中，郭玉贵博士举了大量日、韩、中、印以及台湾地区的教育实例，分析了美国教育在数量和质量两方面所存在的大量问题及面临的挑战。随后用大量篇幅从中小学教育、高等教育和国际教育三大领域，对自第二次世界大战以来这五个亚洲国家和地区的教育制度进行了全面和系统的研究和分析。其重点是考察和揭示了这五个亚洲国家和地区如何利用教育促进各个历史阶段的社会和经济发展，以及各自取得的巨大教育成就，并预测了它们在信息化和全球化新时空背景下，如何适时地调整各自的教育政策和教育改革发展方向。

最后，作者根据上述的比较研究预测：在全球高级人才总量基本稳定的前提下，随着高级人才在全球范围的大流动，在这五个亚洲国家和地区已经或即将从人才流失国转向人才收益国的过程中，美国将会向相反的方向发展，即将从人才收益国向人才流失国转化。

郭玉贵教授的《亚洲的教育优势》一书自2005年出版以来，已有包括美国、加拿大、英国、澳大利亚、荷兰、挪威、新加坡等至少15家主要国际教育学术刊物的学者和专家（包括世界比较教育学会会长）对其撰写书评和评论，并为多所美国大学列为教材或教学参考书。美国驻中国大使馆（北京）也将该书列入其官方网站上，作为了解美国教育制度的主要参考书之一。

如何看待美国第三次教育改革

"二战以来，美国共进行过三次主要的教育改革。前两次的动因均是外力事件的冲击，如20世纪50年代的第一次教改是由苏联卫星上天而引发，80年代的教改则是因美国在国际中小学生学科竞赛结果过差，导致《国家处在危险中》报告出笼而引发。"国际比较教育学专家郭玉贵博士在《华盛顿观察》周刊专访时如是说。

在关于"美国三次教育改革"的专题采访中，郭玉贵揭示，自上世纪90年代开始，人类几乎同时进入信息化时代和全球化时代，各国对科技人才的竞争加剧，使美国——这个对外籍专家依赖程度最高的国家——体现到前所未有的危机感。美国公众突然发现：美国领先于全球的科技和经济很大程度上是依靠大量的外国"客座"专家和学者所支撑着。

"如果说前两次教改是被动反应，那么第三次教改则是美国政府主动出击，防患于未然的举措。"郭博士一针见血地指出，"从上世纪90年代末至今的这次改革要归功于全球化进程。整个过程隐性而渐进，故称为'静悄悄的危机'（The Quiet Crisis）"。

美国是移民的国家，新移民始终扮演着吃重的角色。在这次的教改中，第一代移民举足轻重，充分展示了传说中"他山之石"的力量——高比例外裔人才推动了第三次教改。

据统计：2000年在全美科学和工程职业领域中，38%拥有博士学位的人出生于外国；19%在大学科学和工程专业拥有终生教职的教员是第一代移民。这个比例在工程专业中更高达36%；2002年，在全美科学和工程职业领域中拥有博士后资格的科研人员中，有59%来自于海外；2003年，美国38%的科学和工程博士学位授予外国学生，在工程专业中更高达58.9%；而在历年的美国诺贝尔奖得主中，有1/3以上是出生在外国。

“这一连串的数字让美国人惊觉，自己的国家正在面临一个严峻的现实——在全球化竞争之下，一旦将来美国吸引不到足够的外国学生和专家，或一旦这些在美国工作的‘客座’专家和学者因各种不可预料的原因打道回府，美国是否能找到足够的本国人才来填补他们留下的空缺？”郭玉贵说。于是，潜在的人才短缺凸现了第三次教改继续深入发展的必要性和紧迫性。

“50年代的第一次教改重点是加大资助大学研究生教育和科研，80年代的第二次主要为提高中小学教育质量。”郭玉贵比较道，“当前第三次教改则涉及面更广泛、更深入：包括中小学直至大学、研究生教育；涵盖学校教育和全民族人力资源的培养。它既有教育质量的老问题，更有教育数量的新问题。因此是全局性和整体性的。”

“人才荒”将威胁国家安全。郭玉贵说：“自上世纪90年代末以来，美国国会和白宫、联邦政府的各行政机构、全国性科教组织、专家、学者、企业界为这次教改举行了大量的研讨会、听证会、民调和研究课题，并成立了专门实施新的战略措施的机构。”郭玉贵为第三次教改作了简述，“这些活动既是为了凝聚社会的共识，也是为其后可能的政策制定和立法作预先的准备……三次教改有一个共同点：将教育事业的成败与国家安全紧密联系在一起。”

他说，除此之外，本次教改的另一个特点是对美国联邦政府在全国教育事务上的角色的重新定位。“80年代教改的一个重要特点是促使联邦政府开始过问和参与全国教育事务，但联邦政府的作用还限于协调性和形式上。”郭玉贵说，“本次教改却强烈要求联邦政府的实质性参与，要求强制干预全国教育事务。典型的例子是2002年布什总统签署的‘不让一个儿童掉队’（No Child Left Behind Act）教育法，号召为每一个学生提供高质量的教育资源。依据这一法令，联邦政府可要求对未能提供高质量教育的学校强行进行惩罚。”

“另一个值得注意的事实是，美国将从藐视他国教育经验和自我封闭的教育状况中，转向关注和借鉴他国教育经验。”他进一步指出，“多年来，美国的决策者在制定相关政策时很少借鉴国外经验，20年多年前更走向极端，于1984年退出联合国教科文组织（UNESCO），使其游离于国际科教大家庭之外20年。后来，江河日下的教育质量让美国人痛定思‘动’，把眼光重新转向世界，最后影响布什总统于2002年9月郑重宣布美国将于2003年重新加入UNESCO。”

由于其独特的研究视角和新颖的观点，近年来，郭玉贵博士多次应邀在包括美国国务院、美国商务部、美国国家科学委员会、美国国家科学基金会、亚洲太平洋经济合作组织等美国高层政府决策机构和国际组织进行演讲。

基于郭玉贵教授对中美两国教育改革和研究活动的深度参与和多年的学术积累，近年来他继续利用其个人的优势和广泛的信息渠道，对美国的许多教育政策和发展问题进行同步和前瞻性的研究。我们欣喜地获悉，郭玉贵教授目前正在负责两项对中美两国教育决策层有重大意义的项目，一个是题为“从中国国家利益最大化角度探索一条更有效吸引美国留学生来华学习的新途径”，另一个是《美国教育面面观》系列丛书编写项目，以全面介绍美国各级各类学校教育。我们热切期待着他这两项研究的圆满成功。

辑三

两代海归与东京审判

刚才审判过程中，辩方律师首先尝试质询法庭的管辖权，同时挑战审判法官的权威，法庭岂能容忍？现在他们竟然恳求法庭的允许，对被控方的每个人免予起诉。我的检方同事已经从各个方面回应了他们。另外，请求法庭允许增加一些我自己的观点。这个法庭是在同盟军最高司令的总公告下及时建立的，同盟军授予了它这个权利。相关同盟军的各个政府选派的法庭成员是通过最高司令的任命的，并按照宪章审判。我提议，我们不要按辩方的要求来立新法。宪章包含了已经存在的法律和条例。

辩方律师说，因为日本从来没有向中国宣战，所以中国和日本之间没有战争。当然，这是一个关于战争的正确定义的问题。自从1931年9月18日起，日本就在中国采取了军事行动，杀死了数以万计的中国人，包括士兵和平民。十四年前，即1937年7月7日，日本在卢沟桥发动了战争，一晚就杀死了几百人。随后，日本出兵中国各地，杀死了数以百万计的中国士兵、儿童、妇女和手无寸铁的无助的平民。这些是全世界都知道的事实。如果这不是战争，我想问，什么是战争？

从1931年起，在中国没有任何挑衅的情况下，日本派兵到全中国各个省份。不管日本是否向中国宣战，我认为战争存在。虽然中国到1941年12月9日才向日本宣战。这就是我的提议。我想法庭会注意到这方面的事实。

我想中国人民一直对日本人民有着最友好的感情。但我们向法庭提议，他们的领导人误导了他们，愚弄了他们，并且毁灭了他们。按照公正的原则，那些领导人应该承担责任，不仅要对被压迫的中国人民负责，对世界和平负责，还要对日本人民负责，这就是我的提议。

尊敬的法官们，在我即将陈述有关日本在中国的部分罪行之前，我请求法官们记住我提到的一些证据前面已经提供过了。

这是1946年5月14日，著名的中国检察官向哲浚在远东国际军事法庭上发言。作为中国检察官，向哲浚参加了东京审判的全过程。

胡锦涛主席在纪念抗日战争暨世界反法西斯战争胜利60周年大会的重要讲话中指出："战争胜利后，纽伦堡国际军事法庭对纳粹德国战犯的审判，远东国际军事法庭以及中国、苏联等国家的军事法庭对日本战犯的审判，使发动侵略战争、双手沾满各国人民鲜血的罪魁祸首受到应有的惩处，伸张了国际正义，维护了人类尊严，代表了全世界所有爱好和平与正义的人民的共同心愿。这是历史的审判！这一审判的正义性质是不可动摇、不容挑战的！"

向哲浚与最真实的东京审判

1892年向哲浚生于湖南宁乡农户，家境贫寒。他的童年和少年时代正值丧权辱国的黑暗时期。甲午海战与马关条约，八国联军与辛丑条约，使他从小就立下报国强国的志向。

向哲浚在免费的乡村小校学习出众，被族亲父老资助到长沙修业学校学习。在此期间接受反对腐败的晚清政府的革命思潮。代数老师徐特立在爱国群众大会上断指血书，更使他深受感动。他和同窗陶峙岳等在衣襟上写下"匈奴未灭，何以家为"、"王师北定中原日，家祭毋忘告乃翁"等字样自勉。1911年向哲浚投考北京的"游美肄业馆"（今清华大学前身），在长沙的初试和复试中都名列榜首；到北京后在全国总复试中再次力冠群英。1917年，向哲浚赴美国留学，先后在耶鲁大学文学院、法学院和乔治·华盛顿大学法学院深造，获得文学士和法学士学位。五四运动期间，作为留美学生会会长，他和在美的留学生、爱国政府人员及社会人士一起，奔走呼吁，举行大会，反对日本帝国主义妄图侵占青岛的无理要求。

1925年向哲浚回国。他先后在北京大学、北京交通大学、北京法政大学任教。为了取消列强在中国租界享有领事裁判权的不平等条约，他参加了“收回法权筹备委员会”，并任法学权威王宠惠的秘书。1927年，王宠惠任国民政府司法行政部部长，向哲浚随他到南京任司法行政部秘书。第一件工作就是实现了取消“领事裁判权”夙愿，向哲浚与美国斯坦福大学博士倪征燠先生初次合作，当时倪是司法行政部的编纂。1932年向哲浚任吴县地方法院院长，1933年，他任上海第一特区地方法院首席检察官。在这个任期，向哲浚与法院推事倪征燠先生再度共事。1934年向哲浚和周芳结婚，周芳的父亲周震鳞是孙中山和黄兴的战友，辛亥革命元老之一，他亲自主婚；介绍人和证婚人是两位湖南老乡：章士钊和程潜。也正是在这个任期，先后爆发了“卢沟桥事件”、“八一三事变”和“珍珠港事件”。

上海沦陷后，敌伪的魔爪伸入上海租界的四个仍由中国政府管辖的司法机关。臭名昭著的“76号”先后暗杀了第一特区地方法院的钱庭长和第一特区高等法院的郁庭长，绑架了第一特区高等法院的徐院长。1941年5月的一个星期天午夜，特务潜入向哲浚的家里，企图绑架他。幸好向哲浚当晚在法院办公未归，周芳带着长子向隆章、女儿向隆本和出生仅三个月的次子向隆万住在一个出租房的底层客厅，特务无功而返。1941年12月8日，在“珍珠港事件”的同一天，日军进入租界，英美人士失去自由。在这样险恶的情势下，向哲浚和法院同事倪征燠先生化装为纸商，混在一批到内地做生意的商人中，乘火车到杭州，再步行离开沦陷区到金华，然后辗转到了重庆。在此期间，周芳则带领全家先到苏州友人家避难，然后又历尽艰险，经汉口、长沙、宁乡到湘南山区逃难。周芳在当地一所职业学校任教，贴补家用。幼年的向隆万多次在山村患病，靠走方郎中的民间药方才幸免于死。

向哲浚到重庆后，司法行政部长谢冠生和国防最高委员会秘书长王宠惠安排他任国防最高委员会秘书。1943年，他被委任为新成立的高等法院湘粤分庭检察处的检察长。该院设立在桂阳县，向家得以团

* 东京审判法庭全景，向哲浚于检察官席左二，梅汝璈于法官席右五，被告席为东条英机

聚。在此期间，日军铁蹄曾进入桂阳城郊。周芳的一位职校学生用箩筐挑着女儿向隆本和儿子向隆万逃上山，这一情景，向隆万说："现在我还记忆犹新。"

1945年8月15日日本无条件投降后，向哲浚接到司法行政部电报，任命他为上海高等法院首席法官，要他即速上任。他立即只身离湘北去。周芳回上海之前，接到丈夫的来信，说他已受命组团参加远东国际军事法庭对日本甲级战犯的审判。按法庭的组织结构，十一个同盟国每一国将派一位法官和一位检察官。向哲浚是王宠惠先生推荐给蒋介石的。当时让他挑选，当法官还是当检察官。一般人认为，法官的地位更高，但向哲浚的想法不同。他觉得，日本军国主义在中国犯下滔天罪行，必须向全世界揭露。为了完成这一任务，检察官的责任更重，所以他选择了检察官。同时，向哲浚推荐了清华的学弟梅汝璈先生任法官。梅先生曾获芝加哥大学法学博士，学业精深，在多所大学任教，并任立法院立法委员。但国际法庭法官一般需有在本国当法官的经历，于是向哲浚立即与他中学同学、时任新疆主要负责人的陶峙岳将军联系。陶将军非常理解形势的需要，通过有效的程序，梅汝璈先生很快被任命为新疆的法官。这样，国际法庭的中国代表团基本组成，向哲浚被指定为第一负责人。

1946年元旦向哲浚首次赴东京，筹备审理战犯事宜。由于要调查日寇侵华罪证，他不断往返于重庆和东京，非常忙碌。3月20日，向哲浚在东京迎接梅汝璈赴任；3月26日，他陪同国际法庭检察长季南及其他人员十余人到重庆，受到蒋介石和宋美龄的接见。蒋对季南及军事法庭人员表示慰问，并希望法庭对日本战犯予以应有的惩罚。季南也对蒋宋表达敬意，并称赞向哲浚的敬业精神和职业水准。

由于组团仓促，梅汝璈和向哲浚各人只有一位秘书，即方福枢先生和裘劭恒先生。方裘二位因上海律师事务又提早回国。中国代表团人手奇缺。后来，法官秘书由杨寿林先生继任；而检察方面，向哲濬回国聘用多位学识高超、英语或日语纯熟的专家，到东京任秘书和翻译工作。其中有30年代毕业于燕京大学的刘子健，毕业于圣约翰大学英语系的张培基，刚刚毕业于东吴大学法学院的高文彬、刘继盛和郑鲁达；周芳的弟弟周锡卿是上海交通大学学士和美国宾夕法尼亚大学经济管理硕士，也应聘为翻译。1946年冬，向哲濬又聘请刚从国外考察归国的老友倪征㬢先生任首席顾问，第三次并肩战斗。向哲濬还和倪商议，聘请上海的鄂森律师、桂裕律师和南京大学吴学义教授为顾问，组成中国检察官顾问组。

远东国际军事法庭于1946年5月3日正式开庭，1948年11月12日闭庭；1948年12月23日，七名日本甲级罪犯被执行绞刑，向哲濬和中国军事代表团团长商震先生应邀参加见证。从筹备到落幕，几乎长达三年之久，他参加了这一正义审判的全过程，见证了这段不可磨灭的历史。正如向隆万所言："父亲是带着国仇家恨参加东京审判的。"

从下列数据可以看到东京审判之艰难。被起诉的甲级战犯28名；开庭818次；审判记录48 412页；出庭证人419名，书面证人779人，受理证据4 300余件；判决书1 213页。作为中国代表团主要负责人，向哲濬和梅汝璈以及他们的同事，肩负亿万父老的嘱托，面临重大的压力，在极其困难的条件下不辱使命。他们是真正的民族英雄。

回顾当时世界和中国的政治和军事形势，更可看到中国代表团的艰难处境。

二次大战硝烟未散，冷战阴霾已起。1946年1月20日，美国参议员伯纳德在国会发表题为《战后美国之劲敌》的演说，首创"冷战"之词；同年3月5日，英国首相丘吉尔在美国总统杜鲁门陪同下，在美国发表演说，他说："一幅横贯欧洲大陆的铁幕已经降落下来。共产党的第五纵队已经建立。它绝对服从来自共产主义中心的指挥。"尽管美英政府非常憎恨日本

* 当年东京审判的全组工作人员

军国主义的罪行，出于冷战之需，他们对日本战犯采取了从宽的方针。早在1945年9月27日，盟军统帅麦克阿瑟就在东京与日本天皇裕仁密谈，以后，天皇制得以保存，裕仁也被免予起诉。

东京审判开始前后，蒋介石的主要精力放在打内战。1945年9月，就在重庆谈判期间，蒋介石重颁《剿匪手本》；11月9日和11日，蒋介石召集重要将领举行军事会议，决定6个月内击溃八路军和新四军的主力。东京审判开庭不久，1946年6月26日，国民党30万兵力围攻中原解放区，并相继向华东、晋绥、晋察冀、东北等解放区进攻。与此同时，蒋介石对日本军国主义则采取"以德报怨"的方针，放弃战争赔偿的合理要求，也主张对日本天皇免予起诉。作为亚太地区最大受害者的中国，派往远东国际军事法庭的人数最少，前后总数只有十来位。而美国代表团中，首批工作班子就有38人；苏联代表团则多达70人。当时政府拨的经费也很少，与中国的地位很不相称。向隆万曾听父亲向哲浚说过，各国检察官常设工作宴会招待同僚，由于经费拮据，他几次用自己的薪水举行工作宴会。到东京审判结束前后，蒋介石节节溃败。分别于1948年9月12日、11月6日和11月29日开始的辽沈、淮海和平津三大战役使蒋介石元气大伤，更无暇关注东京审判。东京审判结束后，向哲浚和高文彬乘船回国，带了两大箱资料，包括数以百计的审判记录、书稿文件到南京述职，竟无人过问。这些宝贵历史资料也不知所终，令人扼腕！

尽管处境艰难，向哲浚和梅汝璈先生以及他们的同事，凭着对正义事业的高度责任感和渊博深厚的法学素养，夜以继日，恪尽职守。他们的贡献应当铭记史册。

东京审判分两个阶段。第一阶段是起诉和辩论；第二阶段是量刑判决。

按照英美法系，第一阶段又分四步：检方起诉举证；被告方辩护、反证；检方被告方互辩；检方最后陈述和请求法庭量刑。这一阶段从开庭至1948年4月16日，长达两年。通过大量艰苦细致的调查取证，中国检察官首先提出了十一名罪大恶极甲级战犯的名单。包括法西斯元凶东条英机，策划“皇姑屯事件”、“九一八事变”、“卢沟桥事变”的特务头子板垣征四郎和土肥原贤二，南京大屠杀的元凶松井石根、主凶谷寿夫等。除谷寿夫作为乙级战犯移送至南京法庭受审、关东军司令本庄繁已自杀外，其余均列入28名甲级战犯之列。其次，国际法庭采纳中国检察官的意见，起诉日本战犯自1928年日本策划“皇姑屯事件”、暗杀中国华北政府首脑张作霖开始。检查组最大的贡献是，通过大量人证物证和正气凛然又机智巧妙的当庭辩论，将南京大屠杀中日寇令人发指的滔天罪行昭示于世人；

将极其狡猾的板垣征四郎和土肥原贤二批驳得体无完肤，终于钉上历史的耻辱柱。最近不少回忆文章和影视作品都有所披露，例如倪征燠先生法庭上智斗土肥原，刘子健、吴学义从日本档案中寻找罪证，高文彬发现两个日本兵杀人比赛的照片，等等。

向隆万说，他看到一份日文法庭记录的片断，仅1946年8月27日的庭审记录，就记录了他的父亲向哲浚10次举证发言，列举了许多电文、文件和他向有关人员的讯问，涉及土肥原策划伪“满洲国”的罪行，包括胁迫溥仪从天津经大连到奉天、宣布“脱离”南京政府、“声讨”张学良等。

量刑和判决阶段虽然为时不长，却至关重要。梅汝璈先生作出了不可磨灭的贡献。法庭开庭前夕梅法官争座次的惊世之举，不仅捍卫了民族尊严，也为中国以后位列联合国常务理事国夯实了基础；最终，通过他和同事们的不懈努力，在最后表决中以6比5的微弱多数，判处东条英机、土肥原贤二、板垣征四郎、松井石根、广田弘毅、木村兵太郎和武藤章绞刑。公理与正义得到了彰显！

东京审判是留有遗憾的。由于前述冷战背景的干扰，对日本军国主义的清算并不彻底。签署各种战争文件的天皇没有触动；有些甲级战犯的量刑偏轻；还有不少战犯逃脱了审判。特别是日本“731”细菌部队的罪行被美国包庇了。日本细菌部队在中国犯下的罪行罄竹难书。向哲浚曾和美国检察官莫罗和萨顿到中国许多地方调查，萨顿在法庭上已经指控日本细菌特种部队的罪行，莫罗还撰写了著名的《莫罗报告》。令向哲浚不解的是，法庭并未追踪下去，而莫罗回东京不久就被调离工作。后来才知道，美国为攫取细菌战技术资料和研究成果，以交出资料为条件，将原731部队的军官全部赦免。

向哲浚回国后，国民党政府先后委任他为最高法院检察署检察长、司法院大法官等要职，甚至为向家买好从上海到广州及从广州到台湾的机票，要向哲濬尽速赴任，但都被他拒绝了。他已看透国民党政府的腐败，决心留在上海，回到他喜爱的教育岗位。1949年2月，向哲濬愉快接受了大夏大学（今华东师大前身之一）和东吴大学（今苏州大学前身之一）的聘请，讲授《国际公法》、《国际私法》、《国际审判》等课程。5月25日向哲濬和全家在上海迎接解放。

东京审判的意义

由于种种历史的原因，多年来，东京审判并未受到足够的重视，学术界对远东国际军事法庭的研究成果也是凤毛麟角。中国参加审判的法官梅汝璈、检察官向哲濬、检察官首席顾问倪征燠以及他们的同事多已谢世；当年带回的全部庭审记录等第一手资料不知所终，造成难以弥补的缺憾。应该说，近年来新闻媒体和法律界对东京审判的回顾和关注有了较大的改观，继中央电视台率先推出的纪实片《丧钟为谁而鸣》之后，出现了一批文献纪录片、学术专著及对健在当事人的采访报道；文艺影片《东京审判》得以问世；上海福寿园矗立了《正义之剑》雕像，等等。在远东国际军事法庭闭庭六十周年之后，回顾东京审判的意义和教训，有着深刻的现实意义。

东京审判和纽伦堡审判一样，伸张了国际正义，维护了人类尊严，代表了全世界所有爱好和平与正义的人民的共同心愿。这是历史的审判，向世人宣告“多行不义必自毙”。今后，如果有狂人冒天下之大不韪，悍然发动战争，破坏和平，残杀无辜，即使得逞于一时，终将受到历史的惩罚。

“何必纠缠往事，要向前看。”这是一种糊涂的认识。回顾两千年的历史，绝大多数时间里，中日两国之间基本上是“一衣带水”的友好关系，互相学习，互通有无；这种关系只是从十九世纪末到二十世纪四十年代才被破坏。“前事不忘，后事之师”，只有厘清往事，明白经验教训，才能防止历史悲剧重演。1948年11月，梅汝璈法官在东京审判行将结束之时，曾发表《告日本人民书》，明确指出：“经过这次审判，日本军界首脑的暴虐行为和虚假宣传已经昭然天下。远东国际军事法庭的最后宣判，清除了中日两国间和睦相处的这些绊脚石，对于今后中日间的和平合作，相信必有贡献。”1985年，94岁高龄向哲濬听到日本文部省篡改教科书的消息，发表谈话：“自1840年鸦片战争以来，在受到西方列强的无数次侵略战争中，只有抗日战争，才是中国第一次真正的胜利；只有东京审判，才使中国人民真正得以扬眉吐气！”两位法学先辈何等有见地！

近来，向隆万编写的《东京审判检察官向哲濬》终于付梓。此书分两个部分，第一部分是“正义之剑篇”，内容与东京审判密切相关。第二部分是“世纪人生篇”。主要内容是周芳撰写的回忆录《良师爱侣忆明思》，描述了她与向哲濬毕生相濡以沫的深情。在回忆录的结尾部分，周芳写道：“明思和我共同生活五十三年。有相聚的欢乐，有离别的怀念，但总是息息相关，同舟共济。他对我始终如一真挚热爱，他的高尚品德和渊博学识是我的良师益友。他那热爱生活、乐观旷达的情操，深深地感染着我。过去的往事令人难忘，只好从回忆中来纪念他。”这部分还选录了向哲濬晚年给周芳及亲友的信函和部分手迹。“报国有心，无能为力，殊感怅惘”，确实是向哲濬这位老法学家晚年心态的写照。

此书中的照片多为国内首次发表。东京审判期间的照片除从美国国家档案馆复制外，高文彬先生、张培基先生、裘劭恒先生的夫人孙妙辛女士、倪征燠先生的女公子倪乃先女士、另一位中国检察官顾问鄂森先生的女公子鄂幼华女士，以及侵华日军南京大屠杀遇难同胞纪念馆提供了珍贵的拷贝。

在编后记中，向隆万说：我本人是数学教师，对于国际法和历史都知之甚少。东京审判期间刚上小学，父亲生前我很少向他老人家请教，至今追悔莫及。虽然“亡羊补牢”，毕竟才疏学浅，加之时间匆促，在本书的资料收集、翻译整理、编排校对等方面必然有许多疏误，敬希读者不吝赐教。

向隆万与上海欧美同学会

认识向隆万教授是由宋岩博士介绍的。他说，向家三代出国留学，两代海归，还有著名的“东京审判”，值得你大书特书。

向隆万是上海交通大学数学系教授，现任上海市欧美同学会和上海市留学人员联合会常务副会长。他1963年毕业于复旦大学数学系五年制本科，1963年至1984年任西安交通大学数学系助教、讲师、副教授，其中1980年至1982年美国哥伦比亚大学应用数学与物理系、MIT数学系访问学者，1984年迄今为上海交通大学数学系副教授、教授。

1978年6月23日，邓小平谈到派遣留学生问题时指出：“我赞成留学生的数量增大……要成千成万地派，不是只派十个八个。”中国留学史从此开启了一个崭新的时代。很多人“做梦都没想过能出国留学”的人，都纷纷出了国门。

1980年，向隆万还是西安交通大学的青年教师。有一天，他接到一个电话——通知他参加国家公派留学选拔考试，他的第一反应是别人在和他开玩笑。“基于新中国成立初期的情况，我从来没有想过自己能出国留学。”向隆万这样说道。他当时每个月工资才50元，而到美国留学的单程机票钱就要4 000元，自费留学对他来说几乎是不可能的事情。他想不到此后通过层层选拔，真的到美国名校哥伦比亚大学留学了。他特别珍惜

* 向隆万近照

也特别感激国家给他的这次留学机会。经过两年的刻苦攻读，耽搁十年的学业有很大提高。1982年留学生涯结束后，他立即回到西安交通大学，继续在教育岗位耕耘。

采访向隆万会长那天由宋岩作陪，地点就在上海市欧美同学会的会长办公室。

一进办公室，就能看见门边悬挂着江泽民的笔墨："广泛联络海内外学友，为振兴中华繁荣上海作出贡献"。这是江泽民为上海市欧美同学会恢复10周年的题词。江泽民是1947届上海交通大学电机系的毕业生，曾留学苏联的江主席也属海归一族，当年在上海任职时，是上海市欧美同学会的会员。至今在同学会的档案里保留着他的亲笔填写的申请表，上面还有办公室工作人员写的一条备注："此人已调往北京。"

向隆万介绍了欧美同学会的宗旨、结构和主要活动。他参加同学会工作已经二十多年，亲身体会到回国的留学人员逐年增多，在各条战线发挥的作用越来越大。欧美同学会也从单纯的联谊俱乐部发展为建言献策的智库和民间大使。1998年起，向隆万参加筹备六届《中华学人与21世纪上海发展》国际研讨会，主题切合上海宏观战略发展的热点，现在正筹备第七届研讨会，主题是"后世博和都市圈发展"；1999年起，向隆万也参加了每年春节前后的迎春招待会，招待各国驻沪总领事馆的外交人员。

2003年，他有幸随上海市欧美同学会会长严东生院士出席了在人民大会堂举行的欧美同学会成立90周年庆祝大会，聆听了胡锦涛主席发表的重要讲话。向隆万说，上海市欧美同学会及上海市留学人员联合会的会长副会长都是“业余闹革命”的。大家之所以乐于奉献，一方面是感到这里的工作很有意义，另一方面则是同学会充满温馨，不论会员的职位高低，一律互以“学长”相称。

向隆万现在还是“退而不休”。他是学校教学委员会的委员，教学督导组的组长。每年他还用英语为本科学生上数学课。近两年，他为新生开设研讨课“数学赏析与唐诗格律”，类比数学公理体系诠释唐诗格律，很受学生欢迎。现在，他正在编写通识教材《数学赏析》。他说，自己的年龄是个“递增变量”，而学生的年龄却是“常量”，坚持上讲坛，可以感受到青年学生的蓬勃朝气，“延缓”自己的衰老。

两位中医与“中国针灸在美国”

五年前，文心社在纽约举办“群星闪烁的北美天空——《一代飞鸿》新书发布会与海外文学研讨会”，一位男士在会场询问周围的文友：“你们中，有没有美国医生背景的作家？”几乎所有人都指向我。当时在会场、在纽约、甚至在整个美国，或许也只有我一个是放弃了美国医生不当，改行当华文作家的。这个男士就是李永明。他也是医生，一位少有的拥有美国西医与中医双执照的医生，却不把赚钱当事业，而是特有历史使命感地要记录中国古老的针灸在新大陆的坎坷命运。

李永明找我第一句话就说：“你知道针灸在美国的发展历史吗？从非法到合法，几代人中医艰辛的路程……可以说是一本血泪史。我需要你写出来……写成小说、剧本，拍成影视。”

李永明告诉我，1971年，中国针灸术传入美国，很多人尝试了针灸以后，大呼神奇，西方针灸热从此开始。可是，好景不长，中国针灸术很快遇到了西方法律问题，没有医生执照，扎针属于“非法行医”。美国第一个中医法于1973年4月20日在内华达州诞生，该法案从正式在州立法院提出到州长签字生效，仅仅用了五周时间，其过程却充满了传奇色彩。美国医学会的标志是蛇，所以当时一家杂志将此立法之争称为中医龙和西医蛇的“龙蛇大战”。当年《花花公子》杂志还发表中西医“龙蛇大战图”，由于有了针灸，在这一回合中中医略占上风。可是，其中华人形象，令人不敢苟同，这也反映当时的种族偏见。

中国在近几十年来不断壮大是不争的事实。但中美交流存在严重的不平衡，这种情况大概不能长久地持续下去。在贸易方面，中国占有明显的"顺差"，最明显的现象是美国到处是"中国制造"，美国人切身体验到，不用中国产品，几乎无法生存。而在文化方面，美国享有绝对的"顺差"，在科学、教育、医疗卫生等领域，西方的科技力量正在主导中国社会。不知道中国人是否想过，没有西方的"舶来品"，中国人是否还能生存。东西方交流最明显的不平衡是，东方文化对西方的影响微不足道。

中国也曾有目的地向外宣传自己的文化，推荐自己的产品，但实际的效果并不一定同人们的意愿一致。在对外交流中，中国曾经使用过诸如

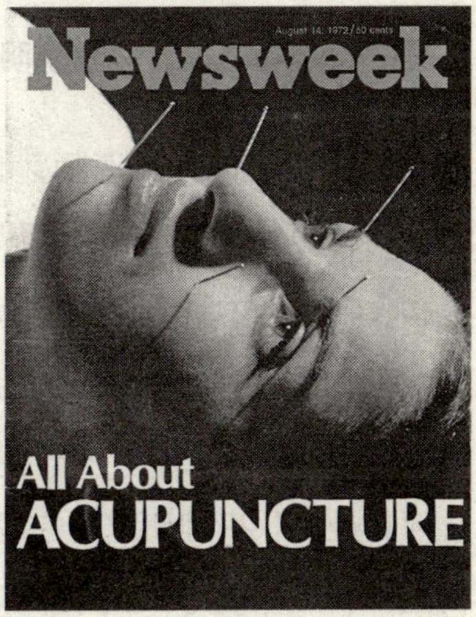

1972年，尼克松访华后，美国出现针灸热，新闻周刊进行了报道 *

当年《花花公子》杂志发表的中西医"龙蛇大战图" *

“乒乓外交”、“熊猫外交”、“茅台外交”、“针灸外交”。最后的结果是，美国虽为体育大国，但乒乓球在美国从来没有热起来，美国本土的乒乓球运动员的水准实在令人不敢恭维。中国赠送的熊猫在美国虽深受欢迎，但它们却水土不服，不肯为美国人生儿育女，只有“借住”在美国的熊猫产下“中国公民”“泰山”，小泰山如期归国时，令美国粉丝心碎。茅台在中国为头号名酒，曾给尼克松总统留下了很深的印象，但烈酒并不适合美国人的胃口，也没能取代西方美酒。只有针灸外交，意外引发西方人的狂热，并能够入乡随俗，融入西方社会，中国针灸术已经成为西方健康保健的一部分。

李永明与针灸的不解之缘

李永明博士，中西医师。他受过系统中医、西医、生命科学教育，在三方面均有独立工作经验和学术成果。多年关注中医西进，研究美国针灸史和收藏东西方针灸图，通过讲学和写作介绍中医药文化。曾毕业于辽宁中医学院获中医学士、美国伊利诺伊州立大学获生理硕士、香槟伊利诺斯大学获分子免疫博士，在北岸大学医院受住院医师训练，哥伦比亚大学及阿克曼皮肤病理研究所完成专科医生训练。具有美国执照西医师、专科医师、针灸师及中草药师等资格。在《自然医学》、《新英格兰医学杂志》、《美国科学院学报》等杂志发表过多篇文章，曾获四项美国专利和多项科研基金。现于新泽西州行医，从事皮肤病理诊断和中医诊所，兼职美国国家健康研究院基金评委，任美国中医药针灸学会会长。

中餐、针灸、功夫、中药美誉海外，可称之为“新四大国粹”。针灸术是继中餐后又一传遍西方的中国文化的精粹，也是中国真正对西方科学技术有影响的一个领域。尽管中医药随着中国移民很早就来到美国，无论是民间还是官方都公认针灸疗法是随着尼克松访华正式传入美国的。

有很多美国人都知道引发当年“针灸热”的导火索是发表在《纽约时报》上的一篇报道。

据李永明考证，在美国针灸界和医学界流传得最广的一则关于针灸传入美国的传闻是这样的：在尼克松访华团成员中，有一名年轻的随团记者，在中国患了阑尾炎，住进了中国医院。中国医生在做阑尾切除术时，没有用麻药而是用了针刺镇痛麻醉，手术十分成功。这位记者回美国后，在《纽约时报》发表了一篇文章，介绍自己的亲身经历，从而引发了美国的针灸热。

这一故事均可称为医学界的“美丽的传说”，那么历史事实究竟是如何呢？

原来在《纽约时报》撰文的是美国著名记者詹姆斯·赖斯顿（James Reston）先生，当时他已是《纽约时报》驻华盛顿记者站主任，擅长政治时事报道，一生业绩不凡，采访过从罗斯福到布什等数届美国总统和周恩来及赫鲁晓夫等各国领袖人物。赖斯顿获过多项新闻界大奖，后来还当过《纽约时报》的副总裁，于1995年去世。

事实是在中美关系开始缓和后，尼克松总统访华之前的1971年7月，赖斯顿被派往中国采访，在北京参观了很多单位，包括到中医院参观了针灸治疗。但在访问时不幸患了急性阑尾炎，在中国医院接受了阑尾切除手术治疗，术中使用的是常规药物麻醉，术后感到腹胀不适，接受了针灸治疗，之后于1971年7月26日在《纽约时报》上发表了那篇著名的纪实报道：“现在让我告诉你们我在北京的阑尾切除手术”。

1971年的赖斯顿已经是一位60多岁的资深记者了，由于他的不凡经历和《纽约时报》在新闻界的地位，在一般美国人心目中，这样记者写出的文章，可信度是极高的，而当时又正值白宫刚刚宣布尼克松总统将于1972年访华。

* 西方人七〇年代初到中国访问，对针灸产生极大兴趣，很多人还忍不住要亲身尝试一下

赖斯顿在文章中说:“为纪念失去的阑尾而发表讣告似乎有点荒唐，但正因为如此，笔者在过去的十几天里有机会从内部了解到中国的一个重要医院的政治和业务发展情况。此报道就是我的经历和见闻的记录。简而言之，中国总理周恩来请了11位在北京的医学权威为我会诊，然后由反帝医院(原北京协和医院，译者注)的外科医生吴教授于7月17日使用了常规的腹部局部麻醉法，注射了利多卡因和苯佐卡因后，为我做了阑尾切除术。

“手术没有任何并发症，也没出现恶心和呕吐。整个手术过程中我一直处于清醒状态。通过中国外交部的翻译，我在术中完全按照吴教授的要求去做，两个半小时后就顺利回到了我的房间。可是，术后第二天晚上，我的腹部有种似痛非痛的难受感觉。该院针灸科的李医生在征得我的同意后，用一种细长的针在我的右外肘和双膝下扎了三针，同时用手捻针来刺激我的胃肠蠕动以减少腹压和胃胀气。针刺使我的肢体产生阵阵疼痛，但至少分散了我的腹部不适的感觉。同时李医生又把两支燃烧着的像廉价雪茄烟式的草药艾卷放在我的腹部上方熏烤，并不时地捻动一下我身上的针。

“这一切不过用了20分钟，当时我还想用这种方法治疗腹部胀气是否有点太复杂了，但是不到一小时，我的腹胀感觉明显减轻而且以后再也没有复发。根据我得到的消息，最近来自中国关于针灸治愈失明、瘫痪及精神病的许多报道曾经令美国方面推测中国人很可能在针灸和草药方面取得了新的重大突破。但我并不知这些推测是否正确，我也没有资格做出这种判断。另一方面，有人讲我的意外事件，至少是针灸的经历，只不过是记者使的一个雕虫小技以达到了解一下针刺麻醉的目的。这种说法虽然并不是全无道理，但实在是对我的想象力、勇气和牺牲精神过奖了。为了搞到好新闻我的确可以做出很多牺牲，但还不至于半夜里去开刀或主动要去当实验用的荷兰猪。”

赖斯顿真不愧为国际知名的大记者。文章不但清楚、简洁，而且还幽默、有趣。更重要的是作者只是如实地报道了自己的见闻和经历，对他自己不熟悉的医学、针灸没有妄加评论，仅仅描述了事实，丝毫没有哗众取宠，制造新闻之举。但是，这篇文章对普及针灸的历史作用，就连作者本人也预料不到的。

据说，在针灸热刚开始时，由于中美尚未建交，在美国懂针灸的人很少，所以一时间“洛阳纸贵”。每日有大巴士从华盛顿拉着患者到纽约找针灸医生看病，针灸师生意火暴，应接不暇，以至于诊室不够用而租下旅馆接待病人。针灸医师忙得只顾得给病人扎针，连取针的时间都没有，只好雇助手来拔针。有的针灸师生意之好，一个礼拜的收入就可以买下一栋房子。当然，由于可以理解的原因，这种早期针灸热的好景不长。

把真实的故事同美国“民间传说”相比，虽然在细节上面目皆非，但故事大体上还是一致的。这种民间“口头文学”尽管可信程度不高，不足以作为历史证据，但民间传说过程中对事实渲染的本身充分反映了传播故事的人们的美好愿望。李永明感慨万千，他说：中国有句老话叫“吃水不忘挖井人”，在记住我们的祖先发明了针灸术，创造了中华民族的健康繁衍和昌盛的同时，还应记住诸多为针灸西进而做过贡献的中外医生和科学家、社会活动家和患者们，同时也不要忘记美国记者赖斯顿和他30年前的发表在《纽约时报》上的“北京之行”。

李永明不但这么说，这十多年来自己也是这么身体力行的。经过多年追溯、查询、研究美国针灸史和收藏东西方针灸图，李永明医生找到了当年为赖斯顿针灸的李占元医生，以及为赖斯顿阑尾手术主刀的外科医生吴蔚然院长。他终于找到了美国针灸热的起源。在他精心策划下的北京座谈会上，第一次让这些点燃美国针灸热导火索的关键人物见面。

近年来，李永明医生每年多次回国举办讲座，探访名中医。2009年圣

* 从左到右：赖斯顿的针灸师李占元医生，赖斯顿阑尾手术主刀医生吴蔚然院长，针灸专家黄羡明医生，赖斯顿访华全程陪同兼翻译金贵华大使，及李永明博士在2006年北京座谈会上

诞节，我们一起拜访了90高龄的老中医黄羡明医生。

中医黄羡明的针灸生涯

老中医黄羡明出生于1920年10月，从1938年本科毕业于丁甘仁创办的前上海中医学院（原名上海中医专门学校）算起，迄今从事医疗、科研、教育工作将近72年。针灸医术由其父黄鸿舫嫡传，教材以《内》、《难》两经为主。内科方脉从师包识生深造。

1952年应上海市卫生局中医顾问陆渊雷先生邀请，黄羡明任上海市卫生局直属中医门诊部特约医师。这个独立的门诊部吸收了上海市中医各科名医，可称为中医的摇篮。1954年，他决心结束收入较高的私人诊所，参加新中国成立后第一所中医医院即上海市立第十一人民医院（现名曙光）的筹建工作，并担任该院针灸科主任。两年后应市卫生局邀请调任市直属三级医院以西医为主的上海市立第一人民医院（旧名公济）中医科主任，并兼上海中医学院筹建工作及针灸教研组负责人。

1958年8月，黄羡明与西医合作首创针麻取得成功，他成为“针刺麻醉”创始人之一，在市有关领导大力支持下得到生理学家张香桐、徐丰彦教授等重视，通过痛觉生理的研究客观证实了针刺麻醉的作用机理，有力推动了针灸医术迅速走向国际，兴起了“针灸热”，使中国传统医学的针灸医术成为进入美国补充与替代医学中的先锋；1958年在国内首先开展耳穴定位及耳针临床应用的研究工作，是耳针疗法中国奠基人之一。编写了《耳针临床应用》手册，并为全国举办耳针培训，其成果远超过法国P. Nogier所报道的工作；绘制并审定十四经穴位解剖挂图，用中、英、日、法、德、俄六国文字出版供销世界各国；开创并主编中国第二本针灸杂志《上海针灸杂志》，加强学术交流和研究工作的园地建设。

1964年3月，黄羡明任上海市针灸研究所副所长，以后历任上海市针灸经络研究所所长，兼针麻肺切除协作组组长； WHO国际针灸培训上海中心主任。1978年，黄羡明任WHO西太区在中国北京召开针灸、针麻学术讨论唯一的中国针灸专业代表。1987年，他被国家教育部第一批批准为中医教授，硕士和博士研究生导师，针灸学科带头人。1991年，他又被卫生、人事、劳动三部联合评为国家级500位，上海市22位名老中医之一，并享受国务院专家特殊津贴待遇。

在半个多世纪中，黄羡明曾出访过五大洲20多个国家和地区，参加许多国际性学术交流活动和工作会议，受到不少国家领导人的接见和褒奖。在他的经历中曾为发展中医事业做了大量的推动工作。

1991年，桃李满天下的黄羡明医生应邀旅美，在美期间考取了美国中医执照，更有效地弘扬祖国医学。2008年回国后定居在上海，至今辛勤著书立说，继续为中医和针灸做贡献。

一张全家福引发的海归故事

元月底接到月华姐的电邮，说是她从纽约回上海了，姊妹们“苏浙汇”见。同时间回上海的还有上海旅居加州的作家、《品》杂志总编聂崇彬聂姐。

我殷勤地回复，现在我是地主啦，我请客为你们接风洗尘。

月华姐说，“别跟我争。听话。我请”。

毕竟月华姐是老上海，土生土长的上海人，说话底气足得很，我这个来上海不到半年的新海归，恭敬不如从命。其实，说到美国，我在月华姐面前一样底气不足。我对别人可以说，我在美国20年了……如何如何。可是，当月华姐一开口：“我在纽约一住30年……”我就闭上嘴巴，竖起耳朵。

姜，还是老的辣啊。

那天在“苏浙汇”，姊妹们一边吃地道的上海菜，一边谈近期的创作。席间聊起我写上海海归一书的事，月华姐一听马上问我：“你写上海海归，写没写丹丹啊？”

谁是丹丹？

就是我干儿子啊，太阳能卡姆丹克上市公司董事长张屹。

那，丹丹是谁的儿子呢？

我大姐的儿子。这孩子太可爱了，从小就聪明伶俐，我这姨妈当不够，还要当他的干妈。

那你自己的儿子呢？

我大儿子也是海归呀，演电视剧，孙思瀚。

“孙思瀚？天下真小！”我一听就叫起来了：“一个多月前我到宁波采访海归剧组《我为你辩护》时见到孙思翰，还拍了他的剧照。”

月华姐笑眯眯地说，我给你看张全家福。

全家福一看，人头一数，全是海归啊！

卡姆丹克董事长张屹（丹丹）

“你不知道哦，丹丹有多低调，穿衣、为人处世……早些年，人们还不认识他，有一次一屋子的老总等他，他走了过来，都以为他是司机，他身边的司机是老板。”

听月华姐这么一说，我就忍不住笑，原来海归一族都一样啊，生活低调，事业高调。

虽然丹丹平时低调，但他的名字“张屹”和他的公司“卡姆丹克”却很红。

卡姆丹克董事长张屹在财华社和腾讯网联合主办的2010年港股市场投资论坛上表示，太阳能光伏行业从长远来讲是非常值得投资。能源问题是全世界的问题，无论是石油、煤炭，能源问题永远是一个国家的战略问题。对于光伏行业或者风能等这些新能源行业来说，他们给传统的能源提供了可替代的可能性，虽然说替代到现在来讲还没有完全做到，但前景是存在的。只要前景在，新能源这个行业会越来越多地取代传统能源，以适应未来世界经济发展的需要。也正是由于这样的前提下，各国政府都不遗余力地提出各种各样鼓励新能源的措施，像中国政府最近也有一系列大行动，相信这是大家已经知道的事情。美国政府也在大力推动光伏计划、新能源计划。欧洲国家如德国、西班牙，光伏在他们国家发展很多年，技术已经非常成熟。从金融风暴到现在已经过去一年多了，整个光伏行业已经进入了全面复苏的阶段。

张屹（John Zhang）今年46岁，是卡姆丹克太阳能公司董事会主席、执行董事兼CEO，负责集团的策略及运营。公司于1999年12月创办，创办公司前，他曾在美国加州一家半导体技术公司Silicon Systems Inc.担任工程师。张屹1985年7月毕业于清华大学，获电气工程学士学位，并于1988年8月获美国犹他州立大学电气工程硕士学位，在半导体及太阳能行业拥有18年的丰富经验，具有深厚的行业背景，也是中国地区较早进入太阳能行业的先驱者之一。

位于上海浦东的卡姆丹克太阳能科技有限公司专注于促进、开发和提供可再生及清洁能源的解决方案，是中国专业的太阳能晶锭和晶片制造商，专注于高品质太阳能晶片的设计、开发、制造及销售。卡姆丹克太阳能（712.HK）于2009年10月30日在香港交易所主板挂牌上市，公司在生产技术上的领先地位是公司的核心竞争力，高端技术投入和有效成本控制使公司享有超出行业水平的高毛利率。太阳能硅片是太阳能电池的最重要组件之一，而公司主要应用于太阳能电池将光能转化成电能。目前他们的大部分产品销售给中国主要的太阳能电池制造商，随着产能提升计划即将完成，他们的目标是扩大在全球范围的客户群基础。

记者专访时间关于股票市场涨落起伏，张屹说其实我关心的倒不是它一时的涨落，我关心的是生产最好的产品，满足市场需求，所以我们不劝你买，我们欢迎你来了解我们公司，了解我们的产品，这样你便自己可以判断该不该支持这个行业了。

月华姐说，从电影《天地玄黄》中可以得知，目前世界上最当务之急是开发太阳能源，利用自然资源。张屹创立的卡姆丹克太阳能系统公司于2005年进入这个领域，令人刮目相看的是他创办的公司在研发世界新能源这个领域走得这么早，发展这么快，想得那么周全，令人们感佩这批科技精英的智慧及能力时，赞许他们为地球及人类所作的努力及贡献。

月华姐说她最欣赏的，是张屹身上一直带着旧金山湾区的那种阳光，及大海般的深沉及安静，在公司上市后的身价也许为市场所瞩目，但是，丹丹一如既往的朴实，一周工作七天，十来年如一日，这便是发生奇迹的原因。

全家福左边最小那个孩子是张屹的儿子，从美国来的小留学生，这五个人中，只有他是个未知数，最后他会留在中国，还是回去美国？ 谁也说不准，未来的十年，世界又将如何变化，谁也说不清，好在地球很小……世界很小。

* 全家福，左起：张屹、张屹的儿子、顾月华、孙思瀚、孙林

影视明星孙思瀚

在全家福中，孙思瀚是最高大的那个男士。

读者们对月华姐的儿子孙思瀚这个名字应该不陌生吧？他以精品好男人形象活跃在中国的影视界里，创造了无数个好角色。刚开始囿于他潇洒外表，接着拍了许多医生、律师、企业家、艺术家的角色，再后来，又有不少海归的角色找上他。他确实是一个如假包换的海归，归来得很早。早在1995年他就从美国纽约回到了中国，是全家最早归来的一个，但他的回归之路却走得十分曲折、艰辛。

孙思瀚的童年，正是我们的父辈命运开始转折的时代。小小年纪的他，在“文革”中随母亲下放到贫困的农村，他们过着庄稼人的生活，挑水、和煤、下地干活、生炉子做饭……养鸡、养兔、养羊。做母亲的纳鞋底，替儿子做棉鞋和棉衣，收买了乡亲们送来的所有能给儿子吃的好东西。他们在寒冬中到山顶开荒地，小思瀚冻得熬不住了，要了门钥匙一路跑回村里，在家哭够了又上山来找母亲。

孤寂的夜里，母亲总给儿子讲故事，故事讲完了又给他编故事，故事讲到一半，结局得由他告诉母亲，老虎要被人打死，好人绝不能有坏的下场，否则他会号啕大哭。小思瀚是母亲艰苦岁月中的无限安慰。乡下的生活再苦，有他在怀里，幸福也就抱了满怀。那时候，每隔数月，月华姐就带儿子回去与丈夫团聚，他们回城相当不易，得半夜动身去县里赶长途汽车，由老乡拉架子车送至县城，儿子被安置在车上躺在被窝里，母亲却在边上一路小跑跟着走几十里路进城……月华姐说，“我记得在暗夜中，他炯炯的双目如天上的星星，在长途车上我紧拥他在怀中，看着他甜蜜的睡容，我不时俯首亲吻他脸庞，这几年是我们母子互相拥有的仅有的几年，岁月无情，说的就是纵然是骨肉即便是夫妻也会让生活安排成破碎支离，我们都是必须服从调配的人，孩子又在上学的年代遇到学生不上课的年头，他本人又因哮喘过敏体质，经常生病及不断转学而影响了学业，中学毕业后他便辍学了。”

穷人的孩子早当家，再后来，少年孙思瀚跟人去外地做生意，从肩上搭着牛仔裤闯荡到关外，直到牵引出稍具规模的两地贸易，他很快就有了自己的“小金库”，可是就在他本人洋洋得意18岁当经理的当口，做母亲的又无情地熄灭了他经商的梦。她希望他完成高等教育，即便在世人眼中衡量人的地位倚重金钱财富，但这位母亲自有不可更改的另一套价值观，也许就是母亲“迂腐”的人生观影响了他后来的选择，他放弃现实中已把握到的实惠，决定让自己接受再一次挑战，他把自己关进小屋温习功课，终于如愿考上了大学，他有了新的蜕变，母亲很为他骄傲。

可是，命运和孙思瀚开了个玩笑，他的生活又改道了。

进入上海戏剧学院86表演系，还在读着书的孙思瀚，因家人移民，不得不放弃学业，稀里糊涂地跟随来到美国。但美国不是他的天堂，也不是他甘心重新拼搏的战场，几年下来，他觉得自己的未来不属于这里，不愿再用年轻的生命和才智，去换美元过日子。他需要有自己可以翱翔的事业天空，需要可以激发生命热情的生活。于是，他一个人毅然划下一个义无反顾的句号，独自回到中国。但是，故土人事已非，他已不再是在校大学生，也没有固定职业可以依赖，游离在一圈又一圈的人际关系网周边，他是一只擦边的球，不是出界便是出局，在人才济济的茫茫人海中重新挺立，难上还要加难。

去美国是一番艰苦，回来又是一番艰难，出国不易，海归也没有想象中那么容易，他受了很多委屈……怎么办？他凭借自身的性格魅力，及好心的朋友们的关爱相助，终于在竞争激烈的地方重新风光，做他爱做的事，过他想过的生活。

回顾孙思瀚的影视作品，一张漂亮的成绩单，我们都为他自豪。电影《最后一次爱你》主演男一号“罗天成”；《上海大饭店》主演男一号“张玉青”；《我的爱情日记》主演男一号“郝兵” 。电视剧《忠诚卫士》主演男一号纪委书记“明健”；《婚前婚后》主演男一号留洋博士“陈子安”；《纯粹较量》主演男一号“周建设”；《石破天惊》主演“郑浩”；《模特秀》主演男一号“苏征天”；《一半天堂》主演“廖成伟”；《爱情童话》主演“张子奇”；《老爸向前冲》主演男二号外企老板“林雄伦”；《真情告白》主演“丁俊杰”；《男人离婚》主演“刘浩”；《错爱一生》主演“顾家豪”；《红十字星座》主演“方致远”；《天在上》主演“吴铮”；《浮生情缘》主演“TONY陈”；《商城劫案》主演“杨刚”；《情越千年》主演“师齐”；《就那么回事儿》主演“韩东起”；《走过海岸线》主演“林岐山”；《完全婚姻手册一情诫》主演“汪斓”《火线供给杨志城》主演“杨志城”……

“他总是以感恩的心态面对一切帮过他爱护他的人。”月华姐如此称道她的长子。年纪轻轻的孙思瀚对故土有一份执着的爱与忠诚，这使他在任何困难变故中从无抱怨及牢骚，随遇而安。最奇特的是，他始终以十分前卫的现代男子姿态出现，又是那样一个忠孝两全、讲究仁义的古道热肠男子。月华姐说，只有我们做父母的才最懂这个儿子，他在幼年时随母下放，挑灯夜教，他骨髓里流着中华文化的血，他是完全的中国男人，是这般本能造成他必然的回归。他还给父母买了房子方便他们回故乡养老，也方便同父母长相聚。

月华姐说，好奇怪，本来是计划纽约住半年，上海住半年。可是，我一回纽约的家就不想离开了，这次一住九个月。而回到上海，上海又是这么好，住下来又不想走了……月华姐和她的先生成了一对海鸥，在中国美国，上海纽约两方水土之间往返，作画开画展、写书出书，真是一对让人艳羡的神仙眷侣。

月华姐另外有一个儿子仍在纽约，从事金融分析师之职，虽蒙家人多次召唤却不敢贸然海归。因为纽约看似经济衰退，却令人爱恋至深，纽约，这是一个移民国家移民城市的经典。纽约有联合国，是世界政治中心；纽约有华尔街，是世界金融中心；纽约有贸易中心，是世界经济中心；纽约有第五大道，是世界商业中心；纽约有大都会艺术博物馆，是世界艺术中心……即使人们离开纽约，还是会想念它的亲和力，任何外来者都不会在纽约有疏离的边缘感，所以，这个海归家庭中最年轻的儿子，他们就让他继续留在了纽约。

海鸥画家孙林

月华姐的丈夫孙林是画家，1963年毕业于上海戏剧学院舞台美术系，曾长期从事设计及绘画教学。在上海戏剧学院舞台美术系担任教学工作，也从事电影美术工作。著作有《舞台美术与意识流》在上海戏剧刊物发表。1985年，孙林被特调至深圳电视台担任设计，并在电视剧工作室主持工作，虽然工作一步上一个台阶，但他却一直想走出国门去看看外面的世界，这念头使他终于舍弃了优渥的职位，于1987年到了美国。

去美国之后，他定居纽约，曾参加纽约华裔画家在苏荷画廊群展，平时不断有创作展出，他在二十余年间游访了二十多个国家，从各国著名的博物馆及美术馆中潜心观摩学习吸取精华。在长期从事油画艺术的研究及探索中，他不断创新求变，一次次突破及否定自己固有的技巧及观念。他发现东西方艺术看似对立，其实不然，东方民族传统与西方现代艺术之间，一直纠缠着相互的启迪、互补、继承、吸收，达到微妙的变异，形成更新的风格派别。尤其是在柬埔寨众神聚集的吴哥窟，更肯定了他认为形式与内容之间的表现手法，绝对要大胆突破，不可拘泥古人，更无需界定地域传统，最重要的是想表现的信息。

孙林曾经是一个十分崇洋的人，奇妙的是时日越久，似乎从他身体中滋生出一种对崇洋的抗衡，他越来越喜欢东方的传统艺术，像一粒种子在温床中探索着破茧而出，孙林有太多思考与感想需要表达，厚积薄发，一下子画了几十张大幅油画，这一批油画，规模很大，非常现代，但其间融汇了不少传统的因素，他让它们在互相冲突中并存，形成一种凝重而时尚、现代而传统、绮丽而单纯的奇特效应，使人们在第一眼看到他的画之时便被威慑住了。

在无数次的蜕变中，孙林的风格在创作中渐臻成熟，一次偶然的机会他发现了金属质地与颜料相映互辉的美，这是用油画颜料及综合材料涂绘在帆布上的创新油画，用现代手法及多样材料表现中国传统及其他内容，画面有立体线条及金属性反光，效果奇异，特别是色泽极含蓄细腻，变幻无常，他的创作是大胆运用别人没有用过的材料及过程，去表现他想宣泄的中华文化的美，而达到岁月沉淀的深沉的美感。

作家、画家顾月华

上海出生的顾月华，祖籍江苏省无锡市。1963年上海戏剧学院舞台美术系毕业，曾长期担任舞台美术设计，并擅长油画与摄影。1982年，赴美国纽约自费留学。在纽约艺术学生联盟进修油画，在FIT学习珠宝设计及钻石鉴定。

顾月华最初以个人油画展及群展步入纽约画坛，后来她却把这块艺术殿堂保护起来，不轻易动画笔，更不以艺术谋生，她把要表达的情感与情绪，通过她的生花妙笔来传递给读者。笔耕之后的收获是出版《天边的星》小说集及《半张信笺》散文集，广受海外读者欢迎，目前是文心社会员、海外华人女作家协会会员及纽约作家协会成员。

工作与生活在纽约洛克菲勒中心的顾月华，在美国曾长期从事珠宝行业的设计和管理工作，她很聪明地选择了这个行业作为谋生手段，却将她的精力及热诚放在中文写作及绘画中。她在美国，中国大陆、香港、台湾，新加坡等地，均发表过小说、散文、诗歌及评论，并在郑州、纽约、神户、上海等地举办过个人画展及群展。她的诗歌《带血的桂冠》荣获2002年美国《彼岸》杂志社“李白诗歌佳作奖”，散文《灵魂归宿》荣获中国当代文学研究会女性文学委员会的“新世纪海外华文女性文学奖”。散文家刘荒田赞美她作品所透出的温柔与坚韧，被异国风雨捶打过的笔，更加凝练、内敛、层次更多，境界更高。她一手作画一手写作，以她丰富的人生阅历及命运，使她的创作中兼具瑰丽的色彩及时代的沧桑。

住在纽约有半个世纪之久的著名作家、学者董鼎山先生与顾月华是多年的老朋友。董鼎山先生说她是一位美食家，讲究口味，很会品赏佳肴。朋友间每有聚餐会，总是请她点菜，因为他们相信她的品味。在朋友中间，顾月华很有亲和力，无论是聚餐美食、文学活动、画展首饰展，她都能成为中心人物。她的言语轻柔却很有感染力，说到开心处，眉眼一弯已经把所有人都征服了。著名海归画家陈丹青是她的师弟。这对同门师姐弟倒有不少共同之处，从陈丹青给顾月华的散文集《半张信笺》所做的序可见一斑：

文如其人，我并不很相信，但形容顾月华的文章，却有几分真意，她下笔心直口快，亦如她平素的作风。我没读过苏青的书，只在张爱玲她们一群女作家四十年代的座谈中，略微得知苏青的性情，似也心直口快一路，忽然念及顾月华，但这联想很可能错误的。

近时重读好些篇顾月华的随笔，瞬时想起二十多年前与她在纽约的往还，虽然后来十余年我们少见面，各自忙，但八十年代初可就差不多每周一淘玩耍。说是玩耍，其实近于流放中的难友，为什么呢，只因离开中国，迷失异域，能在一起讲沪语，谈国事，做家乡菜，便如寒夜微火，足以给彼此取暖的。我们同在一所学院留学，散学后同去看歌舞演出或展览，有一年冬夜挤在地铁中，照例是满车洋人，惟我们几个说着上海话，车开出曼哈顿隧道，漫天大雪，路轨皆白，到站过街分手，回头一望，各人肩头帽顶已是扑簌簌落满雪片。

不曾久居域外的人，很难揣想记忆的中断是怎样折磨一个人，这折磨必须找寻出口。心直口快如顾月华初到纽约不久即开始大量写作，很快成为美东华人报章抢手的写家。从当日报纸读到自己熟识的朋友又有新篇，竟或当晚就能亲见作者，实在是快意而奢侈的经验，在我们这一小圈大陆旅美的文艺人中间，顾月华便是这样的要角儿。她会惊喜而笑，问我们意见，等候夸奖，再接着，在纷乱的交谈中迅速捉到她的灵感，当场宣布要去写出，果然不几天便即见报了。

我与顾月华都是学绘画，而她早在那时便与书写结缘，迄至今天，我后来的居然也去写文章，比她晚了至少十多年——倘若没有放逐的生活，我们也会书写么？顾月华大我一轮左右，是文革前毕业的大学生，从五十年代直到文革收束间大陆的种种悲剧与闹剧，便是她这一辈文艺人的青春记忆。然而与我辈知青的粗野经验相比，老大学生多数终生抱持理想主义，即便描述悲苦荒谬的往事，也还相信人间，有亮色，照过去的说法，是积极的，向上的。这在顾月华的回忆片段里不难发现。在她道德的愤怒中——例如记述政治迫害（那位隐忍到近于疯癫的女性基督徒），愤慨于官场的积习（走后门的戏票），鄙视恶劣的行径（散见于许多篇幅），哀伤长辈的身世（回忆自己的父亲）——我仍然读到饱满的精力与好性情，这些品质，实在缘于六十年代大学生尚未泯灭尽净的良善，而心直口快的性格，大都出于善良。

顾月华的画眼也使她的文字随喜可读。那位不会做饭而勤于学习的乡下小保姆，活灵活现，类似的瞩目于身边的小人物，我曾在杨绛的散文中读到，杨绛的魅力，即在会“看”。而同是观看，性格经历不同，所见所感也就不同，例如在维也纳画派最为世人推重的席勒与克里蒙特之外，顾月华倒反而偏爱描绘穷苦之人的埃格尔。近年顾月华写了不少游记，游记的难写是印象博杂而易于浮浅，她所选择的是埃格尔木桌上的汤与色拉寺后院的花朵……在这些特色背后，我仍然瞩意于顾月华的好性情，有这等性情，人与文章才会心直口快。

现在的青年学生不易想象，也不太知道：六十年代毕业的大学生倘若是性情中人，十九遭殃。顾月华与他夫君本是沪上好人家子弟，毕业后在河南的艰苦，在“文革”中的受辱，是结结实实从乱世的无数细节中熬过来的。那年代熬过来的人，多数枯败了，也幸亏是顾月华好性情，我看她如今的眉飞色舞，还能窥见她当年的姑娘气。有一种生命力是不但难以摧折，亦且越是磨砺越见得旺盛的。现在顾月华守着仪表堂堂同甘共苦的老伴，还有一双英俊公子，长大成人，每见到，使我欢喜而嫉妒——此外，顾月华最在乎的恐怕便是她的写作。我明白她为什么写作，那是她维持好性情的最佳手段，而渡尽劫难的一代，其中尚有以笔记忆，并欣然四顾而喋喋不休的人，真是有福了。

(2008年9月4日写在北京)

顾月华说，每一次把我的故事轻描淡写地道出，终有人极有兴趣地要我讲下去。我的一生均匀地分成了三大块，大学毕业前我在上海过非常优渥的生活，使我成为一个单纯天真理想主义的女孩子。第二阶段是在河南，艰苦的黄泛区加上人心凶险，笑容从我脸上消失。在一首词里我自述了心志：……伶仃月下人，望断南归雁。一襟热血托芳云，璧月去无迹……也许是老天真的听到了我的哭泣，我没有在人间消逝，我穿过了地球，拿了一本护照，闯进美国。进入纽约摩天大楼后方知要用生活去扼杀生命，却同时有了更丰盛的人生际遇。走过的路，留下的，也许不光是足迹，而是万丈深渊，希望没有人再去走；流淌过的泪水，也许混杂了历史的尘埃，我想把它们擦干净；得到过的爱，就像太阳掠过海面，大海用它全部深情吸收到心底，我要把它重新焕发光辉，如擦拭蒙尘已久的一盏灯，让每个细节重新发光。一天又一天一年又一年中的故乡温馨、客乡厄运、异国见闻；身边的亲人、朋友、同事，渐渐地都变成了白纸上的黑字……或者画布上的光影与色彩。

IBM全球副总裁的海归生活

王阳和肖群伉俪是我世茂湖滨花园的邻居。夫妻俩同在IBM，同时于2006年海归。但我并不是同时采访他们的，这样有很多话题可以谈得更坦率、更自由。

肖　群

杭州大学外文学院比较语言学专业毕业的肖群是那种典型的乖乖牌，美丽娴静，就算人到中年，也还是摆脱不了浓浓的书卷气，言谈举止十分知性典雅。她说："施雨，我和你的路子正好是反着走的。我是文科毕业生，到美国后改学计算机。"

在美国，很多夫妻不会同在一家公司上班，有的公司也不希望有夫妻档。但IBM是个异数，夫妻档很多，尤其是外派时，夫妻一起调动，公司会给予十分周到的安排和照顾。王阳和肖群就是这样一起被IBM派到中国来的。

肖群原先是负责软件产品开发的项目管理，海归之后夫唱妇随，工作性质也开始转向市场销售，需要和销售人员一起出差，与客户打交道。这比当初在加州时的那份项目管理工作更具挑战性，更忙碌。但是，与王阳相比，肖群还算轻松自由。可以灵活安排工作，自己决定在家还是到公司上班。而王阳，除了日常管理工作，还需要公开演讲，每月都要回美国总部一趟。但无论多忙，只要有时间，夫妻俩就会带两个儿子出去郊游，或到会所来做瑜伽。在大家眼里，他们是工作和生活都十分完美的一对璧人。

我在采访时，总会问海归们，回来最不喜欢和最不习惯的事情是哪些。回答大同小异，我就在这篇访文里集中写出来。这也是无数准海归们希望了解的。

我问肖群，你们的孩子适应上海的学习和生活么？她说，大儿子已经换过一次学校了，不喜欢讲究名牌和攀比太严重的同学，因为孩子太单纯，不懂这些，所以很孤独，交不到朋友。现在他已转学到人人都穿校服的英国学校就读。小儿子对空气污染比较敏感，怀念加州的蓝天白云和清新的空气。2006年刚回来时小儿子还小，不知道他是被父母带回来的小留学生，还一直问父母："这次假期怎么这么长啊？我们什么时候回加州？"

"海龟"与"土鳖"在公司文化上一直存在比较大的差异和冲突，我让肖群举例子说明。她说，有一次，一个客户需要产品，这个产品在美国是硬件、软件、维护（服务）一起打包销售的，但在中国却需要拆开了报价。肖群等了一个月还没有结果。以美国的思维方式，顾客是上帝，为公司创费是第一优先。但在中国不同，哪怕失去客户，也要把三个部分的报价算清楚才能卖。因为，这关系到各部门之间的人事、人际关系和利益分配，得罪不起。等了一个月，肖群很着急，直接打电话给美国总公司负责人，以及亚太地区的销售总管，但最终这单生意还是没有及时处理，却还被中方同事认为她的思维太简单，做事太直接。肖群说，"也许我真的是太学生气，太单纯了，我先生在这方面就处理得比我好"。

说到生活方面不习惯的例子，很多海归也都遇到过。肖群说，有一回她在一家内衣专卖店看上一件真丝睡衣，刚伸手想拿去试试，售货员马上制止："这睡衣很贵的，几千多块钱，买不起就不要乱摸。"

上海人习惯以衣取人、追求名牌，肖群说，她在大学时代，班上有一位上海女同学，把伙食费都花在购买时装上了，结果晕倒在课堂上。说到往事，她笑了，“现在还是有不少上海女孩子省下几个月的工资买一个名牌包……真是不可理喻。”我说，“换个角度替上海小姑娘想想，她们也许认为，一些人有钱却不买名牌，让自己寒碜着……真是脑子进水……”说完我们俩哈哈一乐。

最后我问肖群，对于海归先生容易学坏这种传闻怎么看待。她说：“因人而异，人的主观和本质还是重要的因素。外遇和离婚并非海归的专利。我家第一个保姆就是因为她和老公一起从乡下来上海，他在酒店工作，与小姐好上了，抛弃了发妻，她伤心黯然回老家去了。我们IBM外派在上海工作的员工那么多，没听说有谁离婚的。”

王　阳

未见王阳之前，他的大名已如雷贯耳，传奇的故事满世界传播，业内更是无人不知，无人不晓。随便上谷歌或者百度一查“IBM王阳”，就有无数关于他的信息。前谷歌的李开复称他“后生可畏”，微软的张亚勤对他的评价甚高。

王阳拥有美国范德堡大学的计算机科学博士学位，及乔治·华盛顿大学工商管理学硕士学位，1998年加入IBM之后，王阳首先担任IBM个人电脑全球供应链总架构师，随后又成为IBM全球服务部高级项目总监。担任总监期间，其负责的项目包括电子、汽车、石油等多个领域，涉及的资金高达数十亿美元，并帮助建立了印度外包中心。2002年他又以IBM全球研发中心总经理执行助理的身份加入了研发部，主要负责针对科技发展战略方向的研究。其领导的创新前沿工程，是美国国家创新计划的一部分，并由美国总统直接发起。此外，王阳还在随需创新服务、全球科技展望和新兴商业契机等领域为IBM乃至全球IT行业做出了令人称道的贡献。

加入IBM软件部后，王阳担任硅谷“随需应变高性能解决方案”开发中心的总监。该中心整合了IBM软件、硬件、服务以及研发等各方面的技术力量，为客户提供了创新性的解决方案。2006年起王阳博士被公司派驻亚太总部，担任IBM软件技术销售总经理，领导分布在大中华、日本、韩国、澳大利亚及新西兰、印度和东南亚等国的2 000多名技术销售及服务人员，致力于为客户提供各种软件和行业解决方案。

2008年10月15日上午，IBM中国开发中心举办了迁址庆典仪式。一些关心IBM中国开发中心的人会发现，庆典仪式上以CDL总经理身份上台致辞的不再是郑妙勤女士，而是一个普通话很慢但标准的年轻人，他就是从美国归来的王阳博士。

说话声音很好听，内容很精彩，这就是王阳给我的最初印象。第一次公开亮相的王阳凭借他的直率赢得了一些媒体记者的赞许。王阳对于记者们提出的问题总是给予正面回答，他甚至在不经意间抛出的观点让记者们都感到意外，比如他说“IBM现在是中国最大的软件公司”、“IBM的商业软件收入超过200亿美元，远远超过微软”、“我们没必要用盗版办公软件，IBM的Symphony免费，并且很好用，功能强大”。Symphony是CDL提出创意并由CDL 100多名技术人员耗费一年多时间开发的，6月份推出以来取得了相当成功。

我问王阳，现在他与他的团队在中国开发什么？他告诉我一个关于“智慧的地球”的伟大设想。

IBM“智慧的地球”让业界再次感到震惊，这个被称为“一个乌托邦式的狂想”正在一步步地力图向实际靠拢，2009年3月6日，以“新视野·大智慧·展宏图”的IBM智慧软件2009年策略发布会召开。此次会议

* 王阳就“智慧软件”发表演讲

上，IBM软件集团提出以“智慧软件”为主题的在中国市场的三大策略，即聚焦中国行业，繁荣生态系统，合作伙伴共成长，深入区域市场，紧密支持客户。据IBM软件集团公布的数据显示，软件业务已经成为IBM赢利和获得稳定增长的生力军。IBM的2008年度财报显示，软件业务的收入为221亿美元，同比增长11%，是IBM增长最快的一项业务。

在接受IT商业新闻网记者采访时，王阳面带笑容，自信而从容。他说，我们其实天生就具有“智慧”这个基因的，因为软件就是智慧的。智慧软件也是配合“智慧的地球”这个战略的提出。“智慧的地球”是IBM通过对全球的发展状况而做出的深刻洞察和分析。IBM的软件产品也会响应这样的战略，我们目前已经在很多产品、技术及解决方案方面融入智慧的理念。

IBM、华为、微软堪称当今世界级企业巨头。这些企业巨头是如何在国际舞台上，同时在市场和技术两个领域都得到领先的竞争优势呢？

不少人认为，技术领先公司就会领先，其实不然，单纯依赖技术领先的高科技企业多数走向衰败。也有不少人以为，市场导向就是以满足顾客需求为己任，这简单直接的思维，只能导致企业跟着人家的后面跑，注定被动、挨打。而这几个巨头又是怎么做的呢？他们的法宝是：“技术商业化”。即要保持技术领先，又要保证商业运作上的成功。

技术商业化成功最关键的要素是人。而一般人，又很难同时精通技术和市场这两个完全不同的领域。而华为、IBM、微软等企业，恰恰又都是靠打造人才队伍在这两个领域中的能力，形成了一般企业无法比拟的核心竞争力。这类人才现在有个新称呼："商业工程师"。他们负责售前、研发、售后三阶段一条龙。这样有机紧密的结合，无往不胜。如今，IBM公司约70%的营收来自服务。

王阳目前领导北京、上海、台北、香港的5 000多人的研发团队，进行IBM核心软件的开发。以中国开发中心为依托，众多技术专家组成了精英软件服务团队，根据不同层次的客户需求，提供核心技术支持与服务。除此之外，他还是IBM亚洲实验室负责人，领导日本、韩国、马来西亚、新加坡、越南等地的开发中心，整合IBM的技术与人力资源，共同为亚洲乃至全球客户提供IBM的技术产品与企业级解决方案。王阳说，我们相信这样一个理念，也就是说中国的人才加以国际的管理，就可以在中国进行创新，并且服务全球。所以，IBM在中国的发展也是强调了三点：第一、人才的培养；第二、自主的创新，其实是一个协作的创新；第三、客户的成长。并且要重视政府在这里面起到的作用，政府应该推动一个公共的服务平台。

王阳强调，在人才培养方面，IBM本身有一个非常好的、非常完整的教育平台，这就为培养IBM自身的人才奠定了基础，我们愿意把这样一个平台开放出来，帮助中国在软件和信息服务产业培养更多的人才。

回忆自己这十多年一路行来的成长过程，王阳分析，除了自身（自小当学生干部，不相信华人就突破不了玻璃天花板，当不了大公司的领袖）的因素，IBM的确是个了不起的公司，尤其是在培养人才方面。他说，自己当留学生时，也曾为自己漂亮的成绩单自豪过。开始工作之后才明白，不是成绩好，工作努力，在公司的位置就会自然升高。他很感谢IBM，他们形成一种氛围，领导倾听各国员工的声音，各级员工也能各抒己见。只要有愿望，都可以学习和尝试，尤其扶持想往领导这条路上努力行走的员工。

王阳说："我一直没把美国当国外，也没把我自己当外国人。哥伦布只是比我们早点到达新大陆而已。回到中国，我血液里的中国文化传统是自己的第一优势，而在美国学到的美国人文精神——以平等的心态去理解和帮助人是第二优势。这两个优势，让我能够很好地顾及到同事中各种人：长者、老者、上级、下级、中国人、外国人……很好地开展工作。并且，很高兴自己的学识和经验能回馈祖国，实现社会价值。"

最后，对王阳，我问了有关海归先生在传说中的外遇和离婚问题，特别要他以自己为例说明。在我眼里，王阳就是那种被媒体和粉丝追捧、最

* 肖群、王阳和两个儿子

有吸引力的海归先生，不好好问问是我的失职。他说：“你也看到了，我太太肖群很出色……我们之间非常和谐完美，彼此都满意对方。”

“可是，不是所有的爱慕者都能看到你太太呀。”

“我和她一起在公开场合亮相。”

“让人知难而退？……如果有年轻貌美的女粉丝追求呢？”

“我心如止水……女人其实都一样，都有优缺点，都年轻过，也都会老……如果夫妻之间，发现了对方的缺点，我的选择是积极地协助配合，而不是消极逃避，逃到另一个女人那里去。……再说了，夫妻做了这么久，我们一路走过来，已经非常和谐，内涵、修养、谈吐、价值观、审美观……默契。说实在的，不是一个层次的，就存在着文化代沟，爱是从语言到心灵的旅程。有时候，交流起来是一种像‘外国人’的感觉，虽然年轻貌美，虽然说中文，一样是黑头发黑眼睛黄皮肤。再说了，我相信爱情守恒定律，当你得到一些快乐时，也一定要为失去另一些而痛苦。”

解码“心理DNA”
——记华迪国际总裁宋岩

与宋岩相识于“上海精英协会”的聚会上。

2009年11月底那个晚上，上海外滩，华灯初上。很偶然地，宋岩坐在我身边，自我介绍之后，同是美国海归，自然生出一份亲近感，深谈下来，对心理学有着共同的爱好。昔日我在美国医学界修来的心理学，用于我今日的小说创作。宋岩用他的所学，领导着华迪国际管理科技公司，为五百强企业发掘人才、优化管理。

我请他介绍一下自己所从事的工作，他的眼中放出灼热的光：华迪帮助企业建设和管理人力资本，帮助人们发现和发挥自己独特的潜能，开拓远大前程，以企业家精神造就组织文化，实现企业稳健成长，从人格、品行、信念、坚韧方面找到团队和谐，让人人有机会实现自己的潜能，快乐地贡献和成长……就是以心理测量为基础的全方位心理建设。

我坦率地对他的胆识与开拓精神表示了惊异与赞赏。同时一大堆问题也立刻出现，我想马上知道答案。人才资本的精益发展与决策都得建立在人的基础上，如果一个公司里有土鳖、有海龟，还有洋鬼子，他所谓的发展人才资本、建设组织能力、优化管理体系怎么建立？

宋岩博士，MBA，华迪国际创始人、总裁及首席执行官。他领导的华迪国际（Waterville Inc.）已成为国际知名的领导—管理—发展顾问咨询机构，在心理分析技术上他们是公认的领跑者，从人才发展和人力资源两个方面为大型跨国企业、快速成长的中小企业、创业企业，以及高校和政府机构提供精准有效的评估、分析和整合方案，在胜任力评估、职业发展、文化价值观诊断、职业心理健康、人才招聘、人力资源流程改造、职位薪酬设计、绩效评估、专业培训、跨文化整合、高层继任者计划和并购尽职调查等方面为客户提供全面的专业咨询服务。

作为美籍华人，宋岩在美国和中国各生活了二十年。他毕业于北京大学，并拥有美国伯克利加州大学结构生物工程学博士学位和康奈尔大学MBA学位，在约翰霍普金斯大学做过生物物理学博士后。在美国和中国，他曾工作于管理咨询、金融、市场和商业教育等不同领域，任副总裁、董事、执行董事等职。

难忘的采访

采访这么多海归，对宋岩的印象最深。印象深，一方面是见面次数多，人家采访都是见一次，两三个小时，而他呢，采访两次才成功，每次都是大半天。另一方面，大概是因为做心理工作，他会揣摩人的心理和思路，加上他那语不惊人死不休的风格，常常话一出口，我就忍不住要多看他两眼。第一眼看出他的才气，第二眼就看出他的孩子气，就像我在第一次结识的聚会上为他拍的那张照片里的那样，两臂抱胸，一脸聪明加俏皮。我颇为得意，拍出了一个最真实的宋岩。

我们见了四次面。第一次是在“上海精英协会”的聚会上，第二和第三次是采访，第四次是他陪我去采访上海市欧美同学会的常务副会长向隆万教授。

我通常很守时，可是第一次去采访宋岩居然就迟到了。从浦东到浦西，一堵车就很不靠谱了。到他公司门口，迟到了半个多小时。凭着“老”交情，我用自嘲代替了道歉：“施雨厉害吧？一迟到就是半小时。”

宋岩一句话不说把我让进他的办公室。沏杯茶放我面前，调足暖气，

* 笔者为宋岩拍的照，他一脸聪明加俏皮

开了电脑和投影机……然后开始介绍，啊不，是声情并茂地演讲。他是个很好的演讲者，思路清晰、逻辑性强。他的投入让他有特别的感染力。甚至，他把我这唯一的听众都当作千军万马，不时来一句："同学们哪……"

可惜，演讲内容太专业了。那一张张复杂的图表看得我头晕。我用求助的眼神望着他，希望他说话速度慢一点，多给我一点解释。

他却对我喊："施雨，不要看我，请看投影，你已经错过两张图了。"

终于到午饭时间了。我松了一口气，心想，这下子应该是采访的好时机了。去吃饭的路上他谈兴仍浓，眉飞色舞连说带比划，要不是我拉他一把，差点儿被一辆车碰到。到了饭店门口，宋岩一按口袋脸色不对了，"忘带钱包了"。他想回去取。我说得走好一段路呢，我带着钱包。

整个午餐时间里倒是轻松愉快，我正想问他我满肚子的问题，可他倒好，接二连三地向我提问。得到答案让他得意，说你就是我最好的例子，以后无论在我的演讲中还是书里，都会引用你这个很典型的故事。你看你，在医学界走了一大圈，最后还是回到你最爱的文学领域。兴趣和性格最终决定职业和事业，不是吗？

这究竟谁采访谁呀？简直是间谍反间谍。

午饭后回到办公室，宋岩又接着演讲，似乎他要把他一脑子的知识和他一生的追求统统告诉我。天黑了……我说我要回家了。他嘿嘿一乐，说我请你吃晚饭，这回一定记得带钱包了。敢情他惦记着这事哪，一报还一报。

晚饭很可口，他很高兴，还顺便让我做了几道心理测试题。说："施雨，你恐怕未必能靠做记者吃饭，却的确是个好作家。"我没好气地反问："何以见得？""你的心灵告诉我。"

我郁闷，今天的采访是失败的，没有要到我所要的所有资讯。即使我不是好记者，可是曾是一位好医生呀，在两小时病人初诊的时间里，我总能成功地要到我所需要的病史和家族史，无论那些美国人如何思维活跃，如何会讲故事。可这一次，他像匹野马，思路爱怎么跑就怎么跑，圈不回来。我拉缰绳，会遭遇反抗："今天是你采访我，你得听我说。"

真是霸道！我苦笑着服输，只好再找时间二度采访。好在宋岩很乐意再见到我。第二次采访收获很大。那天刚好吴宸也在华迪办公室，他来谈帮华迪引进风险投资的事。我顺便采访了他。满载而归。

心理分析带你走成功之路

宋岩对我弃医从文之路很好奇，我则对他从进化生物学到心理学的霹雳转身更好奇。他解释说，"从研究自然转到人与社会，虽然专业变了，但我所熟悉的分析和研究方法一样可以用"。

我问："这些心理分析究竟有什么实用性呢？"

"太有用了！"宋岩说："比如，选篮球运动员时，除了天资和技术之外，人格特质至关重要。适合的特质能带来成倍的得分。"他停了停，给时间让我消化。一支出色的篮球队，会有像迈克·乔丹和姚明这样的超级运动员。在这种团体运动中，他们的领导力十分重要。他们的个人魅力，卓越的球技，影响整个球队的士气与场上表现。不过，一个好的团队，不仅需要好领队，好队员，更需要和谐一致的精神和凝聚力向心力。你看，从巴塞罗那开始，奥运会允许NBA的专业球员参赛，于是就有了美国男篮梦之队。让全世界球迷都大跌眼镜的却是，不可一世的全明星梦之队输了，而且不止一次！这支超级球队的失利，不是由于技艺或者体能欠佳，而是这群大牌队员之间缺乏相互的信任与尊重……科比自己就这么说。

这时候心理学家能做什么呢？心理学家可以通过分析人格特质，帮助挑选适合球队的队员，或者建议教练进行有针对性的干预和协调。分析运动员的性格和心理，不但对赛场内的比分和输赢很重要，甚至对运动员日常生活和场外能力都可以做很好的评估。"我们发现许多优秀的运动员离开赛场后仍然能继续在其他领域表现突出。像李宁，他是优秀的运动员，也是出色的企业家。还有许多在艺术、政治、军事、教育、外交和经济领域成功的例子。除了运气，这些人的心理素质是至关重要的原因。"

我终于理解他正在从事的事业了。学医学生物的人都知道，DNA是生物遗传密码的携带者和传递者，对生命遗传起着核心的作用。DNA结构于20世纪50年代的发现，开创了生命科学的黄金时代。宋岩比喻说他们是在寻找和解码"人格DNA"——他凭借自己跨文化的背景和科学研究的深厚功底，开发帮助人类认识自己心理结构的现代化工具。试想，倘若有一个直接的方法来解密人格，告诉人们，什么样的工作适合你来做，你在特定的岗位上能发挥自己哪方面的天然禀赋，会遭遇怎样的风险和挑战。那该是怎样的有价值啊，让人不由得叹服。

华迪的"商用心理分析系统"是国内唯一受到专业学术研究机构正

式审查批准的。心理学会的审查鉴定证书上这样写着:"华迪心理测量系统的先进性表现在以下方面:(1)全面,系统,兼容性强——使用灵活,能快速实现多种评估模块的组合,针对不同的使用目标迅速提供针对性的检测办法。(2)深度探悉成因——超越一般测量工具的浅显与简单,致力于探察不同层面之间的因果关系,从根本上强化了工具的解释性和预测性。(3)支持专业咨询过程——以极为丰富的信息有效支持干预式咨询过程,包括临床心理咨询、职业发展咨询和组织管理咨询。(4)跨文化人员分析——广谱的分析结构、平行开发的单语种问卷,使系统能对来自不同文化背景的人员作有效的等值比较,尤其能为跨文化的人力资本管理决策提供核心参考依据。"

我很想知道用老百姓的话怎样理解这些。还有,这些心理分析系统能为500强公司做什么呢?

"其实企业最亟须的是要我们提供多方位的人才决策和发展管理支持,如招聘甄选,人才发展,领导继任规划,企业家优势与风险,团队组织发展,心理健康与压力管理等等。"宋岩解释说。

比如,企业在大规模筛选申请人时,采用华迪招聘支持系统可以避免海选的盲目和忙乱,确保录用质量。国际商学院采用他们的系统录取MBA学生。华迪在解决方案方面独有迅捷、高精度、客制化的特点,针对客户具体需求制订方案,灵活调整项目、指标、分析范围和实施办法,全面满足客户需要。用华迪职业规划系统为内部轮岗人员选择特定部门和职能,可以帮助他们迅速进入状态、顺利发挥优势、开始积累工作经验;中层经理人通过华迪的经理人效能分析,可以扬长避短,为企业和自己不断创造价值。让人感到最神的是,在高层领导岗位(从总监到首席执行官)的继任规划中,华迪的领导优势分析系统能对候选人的人格特征作全面测量甄鉴,从一群人中"盲选"出最理想的候选人。

“董事会往往在两三个小时内就接受我们的人员推荐建议，而通常这种决策过程在一般企业里起码要几个月到一年甚至更长；同时，他们开始用我们的继任流程对任用的高管进行教练辅导和交接支持。企业领导需要这样的决策和执行支持，而一般的测评工具做不到这一点。”这是因为普通的测评工具只是对人做简单的分类，无法承纳人格的复杂和内外环境的多变，其解释和预测能力当然也就极为有限了。经常是，企业在用了其他工具后依然无法解决问题才慕名找到华迪的专家。“你们是唯一值得依靠的伙伴，帮助我们做出高难度的关键决定！”500强领导人不止一次地这样称赞和感谢华迪。

医生出身的我，自然想了解他们怎样帮助企业解决员工的心理健康问题。

“压力无处不在，但不同人在不同情况下经历的压力不同。所以必须一对一地援助。”华迪系统对人群的心理健康做直接普查和个案跟踪，根据个人特质分析压力产生和发展的原因，甚至对离职风险及时发出预警。

这个工作实在太有意义了，我马上意识到。心理健康在国内尽管开始受到重视，但基础和资源的严重缺乏使得专家们面对巨大的工作量束手无策，华迪的技术有效弥补了这个缺失。华迪网络测试平台可同时容纳成千上万人，在大规模心理健康评估方面尤其显示出强大优势。这实在是功德无量啊。

似乎看出了我的心思，宋岩笑道：“我们其实是在填补着一个个空白，都希望做到最好。我们的儿童自闭症普查系统，被中国最好的儿童精神卫生专家称为最好的，说我们功德无量。”他承认自己心里着急，想更快地让最多的人从他和华迪的工作中受益。他经常觉得是在跟时间赛跑。“发展了自己的核心技术，就可以迅速又从容地开发各种用途的工具系统了。接下来机会很多，工作量很大。”

宋岩对自己带领华迪专家们开发的系列产品如数家珍。用“人格DNA”测量技术，华迪还在帮助高中学生确定学习优势和修课方向，帮助高中毕业生选择大学专业和未来从业领域，帮助大学生减少心理压力、从容规划未来，帮助海事机构选拔船长、轮机长，帮助创业者管理风险、搭建团队……所有需要人才决策的地方华迪的技术都是最好的。

竞争压力大吗？我问他。

“我们其实感觉不到什么有效的竞争，”他平静的语气中明显地透着从容。

心理测量开始都是舶来品，后来的仿制都不过是照葫芦画瓢，形似神非。进口落地的西方系统问题就更多了：用外国尺子量中国人的心理是个大问题。许多内容无法翻译，要么就是翻译错了，分析解读更是鹦鹉学舌，似懂非懂，有的干脆就是走过场，“护士做着医生的工作”。华迪的系统是唯一含有多种独立开发的语种版本的系统，而且特别适合全面分析，辅导咨询，支持决策。

用心理学开发人类的潜能，适用于人们工作和生活的方方面面，这在西方国家也是很热门的职业。“为什么要回来？”我不得不问。

“中国更需要我。”宋岩回答得直截了当：“我也需要中国。”他中西合璧的文化背景是个大优势。

华迪国际团队中有中国人、欧洲人和美国人。“从前甚至有蒙古国人。”在这个国际团队的建设中，宋岩采用了独特的训练和管理方法。他的部下Jean-Christophe Florenson说：“他花了很多时间在我们身上，领导这样一支不同文化背景的队伍，真是一件非常有挑战性的工作。他是个精力充沛、热情洋溢的人。”

他自己说：“人就是人，不管你从哪里来。人的需求都需要满足。其实心理学就这样简单。”

华迪同事说他是一位集学者和商人于一身的心理学家——一个聪明人，有西式的头脑，中式的内涵。

我想他会越来越成功，有这样的天时、地利、人和。需要的只是耐心，还有时间，海归需要时间，上海需要时间，中国需要时间。

辑四

海归画家王大宙

认识王大宙是文友聂崇彬牵的线。聂姐说，施雨你一定要写一写王大宙，现在不为钱忙活的人实在太少了。我问，那他为啥忙？聂姐说，为了理想和事业，为了教育中国的孩子，他不计个人得失……我一听，肃然起敬。

王大宙生长于上海，原任教于上海大学美术学院。1985年赴美国，先后获得美国纽约州立大学Albany大学（State University of New York, University Center at Albany）的美术硕士学位和普瑞特艺术学院（Pratt Institute）工业设计的硕士学位。海归后首任华东师范大学设计学院院长，现任华东师范大学设计学院终身名誉院长，教授、研究生导师，美国新泽西州立大学Montclair大学客座教授，美国加利福尼亚州立大学Stanislaus分校客座教授，上海戏剧学院客座教授、研究生导师。曾任天津科技大学艺术设计学院的院长。

王大宙的专业背景跨度有30多年，涉及当代艺术、舞台美术设计、广告、包装以及产品设计创意等领域。1978年为上海市工人文化宫话剧《于无声处》担任舞台美术设计，获得中国文化部奖及中国总工会奖。1979年由上海市委组织部委派，为上海市工业展览馆（上海展览中心）担任"上海工业展览"总体设计。1990年起，他为Disney, MTV, Georgette Klinger, Charles Jordan, Estee Lauder, Revlon, Guess等著名品牌完成多项产品开发与设计，并与Donna Karan, Alexander Julian, Calvin Klein等世界大师合作，设计项目涉及化妆品、纺织品、家居用品等多个领域。他还曾分别担任美国多家公司董事长，执行长，及总裁职务。其作品曾在国内外多次展出并获奖，著作被列入国家出版文化创新工程重点项目之一。

出　国

1985年9月，王大宙刚踏上美国的土地，就被这块新大陆上碧绿如洗的草坪、湛蓝的天空等清丽的自然风光和环境所吸引。他发现美国人友好、热情，很懂礼仪、礼节，有相当一部分美国人会主动打招呼，即使你们不认识。王大宙说，"以前在英语课本有一篇文章是说微笑的，我体会到了，微笑是友善的一个通用语言，即使你们语言不通，美国人也很乐意帮助，记得我刚开始在学校生活的第一天，我站在两个大铁箱前搞不清楚哪一个是邮箱时，一位女学生主动前来自我介绍并教我如何使用邮箱"。

美国人十分好奇，他们中的大多数最初继承了欧洲血统，后来世界各国人络绎不绝地来到这块肥土上扎根生活，集中了世界上的的移民文化之最，曾几何时美国被称为"文化的熔炉"。对他们来说，新、异、奇永远具有一种吸引力，值得他们去发现、接触与探索。王大宙说："记得我在校外打的第一份工是住到美国家庭去照顾两位11岁和13岁的孩子。这家的女主人是位护士，却对中国文化特有兴趣，在我们相处的一年多时间里，女主人常通宵达旦地询问有关中国的各种问题。由于他们对新文化是抱着接受而不是排斥态度，进而也推进了他们文化的发展。这种文化也在潜移默化中造就了他们的创新精神、人格及开放、自由的观念。"

纽约是王大宙到美国的第一座城市，对一个身带仅40美元、初到美国的自费留学生来说，这座城市给他最初的印象是充满着一种发达国度的繁华而奢靡的氛围，钢筋水泥散发出冰冷、开放而混乱的气味。当时他和一大批向往新文化的知识青年们一起来到了美国，心情既充实又虚无。初到美国，语言是最大的挑战，一到学校报到就遇到最大挑战。第一个学期王大宙就要独立地上三门专业课，每门专业课一星期两次，每堂专业课要上三个半小时。第一堂课挥汗如雨地度过三个半小时的情景，至今他还记忆犹新。

王大宙在纽约长岛的家很有特色，西班牙式的建筑，坐落在海滩边。装潢和摆设极有艺术品位。从厅里的小古董雕像，到沙发上看似随意扔放的Throw（一种织品的长毯）都是精心之作。甚至洗手间那装纸巾筒的铜制小篮筐，竟也是艺术品：那是不知从哪儿觅来的镂空的古董铜筐，放在座厕一边，里面摆满了一筒筒白色的厕纸卷。色调既符合全屋的基调，铜筐又暗示出主人的喜好，实用而高雅。现在，他已有了好多家自己的公司，经营的范围很广，有纺织品、化妆品、礼品及室内摆设工艺品等。他本人不仅担任执行董事长和总裁，还直接领导和参与各类产品的开发设计。

东西方艺术教育的差异

同样喜欢绘画，其实，聂崇彬对王大宙最有兴趣的却是想知道：一个中国人，怎样在美国的高等学府里教西方艺术。这也是我对王大宙感到好奇的地方。

王大宙很高兴有人关注他在作画之外作为教师的能力，他说："你知道吗？当你被通知要开课时，你手里所有的资料只是一张从电脑中打出来的学生名单和上课教室的号码，没有教纲，也没有教材，这跟国内全部依据模式的做法有着天壤之别。那时，我的英语词汇量还有一定限度，要准备三个半小时的讲话，20多个学生围着你，让你谈整个学期计划，如何实施，怎样完成。学生们随心所欲，有的喝可乐，有的吃零食。作为教师，你不仅要组织自己的讲词，而且还要应付学生突如其来的发问。"当年，王大宙在纽约州立大学任教，同时教二年级人体、三年级油画、四年级水彩。

海　归

在美国20多年，习惯了美国那边的生活，刚回来，特别是回到繁华、正在腾飞的上海之后，王大宙发现这个曾经那么熟悉的城市，在许多方面都发生了惊人的变化，尤其是城市的建设，简直是天翻地覆，上海人在上海迷路的事经常发生。学校也一样，要和世界接轨，并的并，合的合，规模也大了，基本设备设施也基本有了。在扩大招生以后，现在学生比以前要多得多。在学科建设上，为了要与时俱进、创新，开设了好多新的学科和课程。一派欣欣向荣。很有朝气，感受到那无穷无尽的活力。以前大家都说美国的生活节奏如何快，特别是王大宙工作、生活的纽约大都市更是快。但是今天，回来与上海速度相比，那里简直是老牛拉破车。王大宙说，好在他刚回国的时候四十多岁，还有着精力和体力，所以还能比较快地融入这股热流之中。

提到城市的巨大变化，王大宙很感慨，他说，现在人的思想，观念、精神面貌、审美情趣、生活方式等都发生了很大的变化。人的思想更开放、更活跃，接受新生事物的能力更强。出国前，几乎没有男士使用香水，许多男生不了解，也不会享用这种奢侈品。而现在的男士使用香水的比例非常之大，大家感觉这是很平常的事情。伴随着现代社会人们不断求新求变的需要，各个方面也都不一样了。以前，大家对于美的形式多会选择走“大众路线”，现在中国和世界相接轨，各种新事物进入到中国，几乎没有时间差，人们对于美的标准也都各式各样，甚至标新立异，不管他人认不认同，很多元化，很个性化。这些改变，每一位海归人士都能感受到。

在经济的迅速发展和社会剧烈演变过程中，由于社会的变化，带动了人们观念、思想等多方面的变化，同时对艺术的评价也发生了变化。新

* 王大宙近照

观念、新思想，形形色色的新生事物都出现了。王大宙说，出国前与老朋友和同学们碰在一起，经常聊人生、事业、理想 、讨论学业。归来后形势变了，人的想法和观念也自然变了，老朋友再碰在一起话题自然也就不同了。现在，老同学们在一起聚餐，最多的话题往往离不开车子、房子和股票等。在艺术设计领域里，虽然原有的美协等还存在，但学术上的自由，风格上的百花齐放，整个艺术氛围要比以前要活跃得多。让人感到困惑的是，现在不少搞艺术的人对艺术的评价观念也不同了。常常谈起某某老师，某某同学的画能卖到什么价格，好像对艺术价值评价的使命都已经交给拍卖市场了。

中国正在积极发展经济，或许是要改变“中国制造”到“中国创造”，是要发展中国的创意产业，现在几乎大部分院校都开设了艺术设计类专业。招生规模从以前一个学校每年最多招几十名学生，现在扩大到几百上千。更令人吃惊的是，一位专家指出：“中国要和世界先进发达国家接轨，要发展到每四个人中一位是从事艺术设计的。”

谈到海派文化，王大宙说，海派文化的产生有它当时特定的历史环境，背景在那里，在这样的一段历史时期，产生这样的艺术形式，有它自身独特的魅力所在。海派文化带有一种资产阶级的消遣情调的意味，是富有历史积淀的、有特色的文化，是受西方文化影响较早、较多的一个复杂的地域文化。海派文化的基本特征，是具有开放性、创造性、扬弃性和多元性。但是真正意义上的海派文化已渐渐消失，现在存在的是随着社会的进步，融入了多种元素存在的形式，是一个“海纳百川，兼容并蓄”的新的艺术形式。因上海是华洋杂处之处，在历史上，海上画派曾经以漂亮讨喜的色彩特征等合乎新时代人的欣赏。王大宙以前在上海大学美院的同事——海派艺术家陈家泠，他的作品就是以大胆突破传统手法，强调内在精神和审美态度，情感和意境，融入了中西各种文化。它像上海话那样“洋泾浜”，一个文化艺术的“大拼盘”，也就是因为它那种说不清，道不明的文化特殊性与特征，从而产生出自我特有的个性。而这特有的个性无疑提升了海派艺术的艺术价值。

比较东西方艺术教育，王大宙觉得，国内的教学非常注重“制作”，而国外却着重“创意”。国内老师会拿着学生的习作指点，这儿不好，那儿不好，充分指导。而国外老师拿着学生的作业，总是频频点头，表示充分理解。刚出国那段时间当老师，王大宙最初也想把国内的教学法（诸如注重技法、技巧）拿来帮助学生们提高，不料有位女生哭着鼻子说：“你难道不能找出一点我好的地方吗？你为什么从来不肯对我说一个好字？”

在国外久了才明白，东西方的人文完全两回事，南辕北辙。在欧美，没有人拿着莫奈的作品去讲评，因为同样一幅画每个人的感受都可以不同。在国外没人讲师承，自称是“刘海粟的学生”或“张大千的弟子”。我就是我，要做就做张大千，而不是标榜为谁谁的弟子。

他们可以听着一首音乐去创作，而绝不会去模仿某个大师的手法。后者是千手一面，画得再好，也不过是重复了他人的艺术。而前者，不同的感觉会产生不同的想象，不同的想象力就会爆发出独有的艺术灵感，不同的画面也随即出现。就用水彩画来举例吧，如果你从音乐中感受到了气势磅礴，可能你就会采用湿画的手法去表现；而如果你从音乐中感觉出有一种清晰、明亮的氛围，那么你会采用干画，透明覆盖的手法体现那明快的色调。总而言之，绘画手法和技能完全是为想象力服务的。

学生把家庭作业拿回学校听老师的讲评，而更多时间是自己在阐述，并不强调什么明暗关系、结构，却更多地介绍自己的创作意图、感想及感情，讲的内容远远超出了画的本身。还是那个女孩子，画的是一双她心爱的鞋子，只是一双普通的鞋子，可是她足足讲了大半个小时。不妨这么说，国内学生拿着自己最满意的作品来见老师时，会谦虚地要老师提提意见；而西方学生则是拿着自己的作品来向老师寻求肯定和赞扬的。

那么，国外的艺术教育是否都是以学生为主？王大宙说："不能这样理解。国外教育只是从尊重学生个性出发，不强求一律而已。这对教师来说，更不容易。"

我问王大宙，作为美术学院的教授，教中国学生与美国学生有什么不同？他答，美式教育注重的是学生的创新能力，强调学生的独立性思考问题的方式，学生也很有主见，依赖性相对中国学生来说比较小，美国学生在课堂上发言都很踊跃，如果老师说的观点，学生持有不同意见，都会马上举手提出疑问。相对来说中国学生就会比较朴实一些，课堂气氛就很正式，不怎么活跃，老师和学生的互动性不是很理想，同学们都是循规蹈矩，按部就班地在学。但相对来说，中国学生基本功扎实、技术全面，理论基础水平高。

在美国，评定一个学生的因素很多，不光是成绩，还有他们是否参加了课外活动和社区服务等等，是一个整体素质的考量。再有在对绘画评判标准的差异问题上，美国学生在绘画的时候有着充分的想象力和创造力，他们从不问“像不像”，而是问“好不好”，也就是画得独特不独特，强调个性。而中国学生评判一幅画好坏的标准却是“像不像”。像不像某老师的画，像不像现实中的参照物或和哪位大师的风格像不像，实际上这是一种观念上的误区。

美国学生对于设计，他们的想象力、创造力很丰富，敢于挑战，会结合很多技术的应用，他们提出的概念，想法，都很新颖大胆，而且他们所处于的那种学习氛围和国内的情况也是不一样的，如果有了想法，会组建自己的团队，寻找合作伙伴、赞助、设备，等等，都会自己很积极主动去做，非常有激情；学校也会提供资助，以最大的能力去帮助他们去实现梦想，学校在课程的设置上会结合学生的自身要求，要求学生的这种实践的能力也是很重要的。

中国教育比较是格式化的教育，是“万山不许一溪奔”的模式。也许是为了学生将来的考研和就业。有教无育的格式化“教育”所培育出来的学生都成了擅长考试的“会考分子”，也造成中国学生偏重知识技术。我担心的是看见知识塞满了，智慧荒芜了；智商提高了，见识崩塌了。

鉴于王大宙在东西方都当过老师，请他对目前国内正在学艺术，而且有愿望去国外进修的青年，给一些忠告。他毫不犹豫地说：“不要再一味地追求基本功，尽量地去多研究些西方当代优秀作品，去理解各种流派的演绎方法，看不懂没关系，把疑问放在心里，然后到外面的世界去寻找答案。”

最后，我又问王大宙，您在美国获得的美国思维和所受的西方文化熏陶，也应用在现在的教学和创作中么？他回答：是的，我觉得把一些有利于学生的东西带给他们，把我们多年的一些经历告诉他们，把国外一些好的、先进的信息带给他们，有利于他们眼界的拓宽，希望能为他们多做点实事，把本属于同学们的自由发展和思考的空间还给他们。

来自“海归剧组”的报道

2010年由刘晓庆领衔主演的情感大剧《红玫瑰黑玫瑰》，根据著名作家王小鹰小说《我为你辩护》改编，由新文化传媒投资拍摄，朱翊执导，薛海翔编剧，李容策划，王绍伟制片，刘晓庆、王姬、王雅捷、郑晓宁和许圣楠等联合主演。

电视剧以金融风暴冲击下大陆企业面临的问题和危机为背景，定位现代都市女性，通过戏剧化的剧情推进和人物命运的尖锐碰撞，揭示了亲情、友情、爱情与商业利益、企业生存、道德底线等诸多现实生活中的矛盾和冲突。

看过无数电影和电视剧，却是第一次与编剧、导演、演员和工作人员朝夕相处，这个剧组又是如此特别，编剧薛海翔，导演朱翊，演员王姬、王战、孙思翰等都是海归，整个剧组几乎都是上海人。2009年12月8日至11日，我在宁波《我为你辩护》（现改名为《红玫瑰黑玫瑰》）剧组体验生活三天，差点留下来不走了。

美国“海鸥”编剧薛海翔

薛海翔1951生于上海，“文革”期间曾插队、当兵、从事激光科研。1977年参加首届高考进入大学，1987年赴美国留学，现居美国丹佛市。1979年开始发表文学作品；1980年加入中国作家协会上海分会。主要文学作品有：长篇小说《早安，美利坚》、《情感签证》，小说集《一个女大学生的日记》。电视连续剧剧本有:《情感签证》、《生死同行》(合作)、《就赌这一次》(合作)、《恋恋不舍》、《栀子花白兰花》(合作)、《在悉尼等我》、《情陷巴塞罗那》、《红玫瑰黑玫瑰》。电影文学剧本有:《雄河》(合作)、《亚当·帕克逊》(合作)。话剧剧本《雪满天》。中篇小说《生活的浪花》获1984年首届钟山文学奖。电影剧本《亲吻江河》(合作)获2008年夏衍杯优秀电影剧本征集创意电影剧本奖 。

薛海翔算是我的文学前辈,他出道很早,写小说的时候我还在当医生。他改行当编剧后我才开始弃医从文写小说。1993年,他用四个月的时间写了一部31万字长篇小说《早安,美利坚》,算是最早描写中国改革开放之后这一代美国留学生艰苦拼搏的人生故事的作家之一。1995年《早安,美利坚》由上海文艺出版社出版,一年内重印三次,相当轰动。薛海翔涉足电视剧编剧行当也是因为这部小说,1996年,著名导演黄蜀芹筹拍一部留学生题材电视剧,她去《上海文学》寻找可供改编的作品,后者向她推荐了《早安,美利坚》,于是,越洋电话找到了远在丹佛的薛海翔,薛海翔应邀回国,替黄蜀芹写一部反映中国留美学生回国创业故事的23集电视连续剧剧本。从那以后,他就有了一部接一部的电视剧剧本的写作,这一写就写了十多年,他的身份也由作家变成了编剧。“这个转型期中对我帮助最大的有三位导演,黄蜀芹、鲁晓威(《渴望》的导演)和朱翊。”薛海翔说。

丰富多彩的生活经历是创作的源泉。薛海翔的人生也富有传奇色彩,他生于上海一个干部家庭。1966年文革爆发时他读初中二年级,15岁的他参加了红卫兵长征队,徒步三千里走到北京,见到过毛泽东、周恩来、林彪。之后他去了广西十万大山的壮族山村插队落户,在亚热带的烈日下挥汗耕作两年后,又去了冰天雪地的黑龙江,在一支野战军里当炮兵,中苏之间刚刚在那里爆发了军事冲突。操作加农炮卫戍边疆五年后他退伍回到上海，在上海激光研究所当上了一名开发固体激光器的科研人员，他一边工作一边补习基础，补数学物理和外语，从初中二年级一直补到大学一年级的程度。

1977年国家恢复高考，薛海翔发现，颠沛浮沉而又丰富多彩的往昔岁月成了他仅有的人生财富，于是，他做出了一个影响后来一生的决定：考文科，以后写小说。他考入了上海师大中文系，就此开始了文学创作，小说、诗歌、散文不断见诸报刊杂志。1980年被中国作家协会上海分会吸收入会；外出采访，体验生活，参加笔会，一时成了他生活的主要内容，几年下来，他感觉困惑："这就是作家的生活吗？年纪轻轻的没有了自身的真实生活，进入了一种虚拟的人生状态。"于是他离开上海，去深圳创办了一家民营公司，成了国内最早下海经商的文人中的一员，又让所有的时间充满了真实的喜怒哀乐。

1987年，薛海翔再次出发，自费留学，进入了美国纽约市立大学研究生院。踏上美国时他只带了30美元，"那几乎是一次人生的归零，"他说，"我是故意的，我就是想看看，把自己赤手空拳地扔进一个陌生世界，会发

* 作家、编剧薛海翔

生什么故事。”他作过清洁工，送过外卖，当过管家，当过反刑事犯罪局的调查员。到美国的第四个年头（1990年），薛海翔在丹佛创办了一家华文报纸《美中时报》，搜罗人才组织班底，并出任总编辑。之后，薛海翔又在丹佛创办了一家“美国企业股份有限公司”，经营国际商务咨询服务业，从此开始了太平洋两岸往返穿梭的“海鸥”生涯，用他自己的话说：“我每年在东西半球平均分配一半时间，身上仿佛装着两套系统，一到中国，就是彻底的中国生活方式，骑自行车，在拥挤的人潮里早晚奔忙，好像从来没有出过国；一到美国，便在信息高速公路和汽车高速公路上遨游，对后工业时代驾轻就熟，安之若素。”

也许正是这样丰富的阅历，他脑子里故事特别多，思维格外敏捷，和他聊天很受启发。除了写小说和剧本，薛海翔最喜欢旅游，他踏上过除了南极洲以外的世界各大洲，连北极都去过了。薛海翔还有一个很值得自豪的运动特长——打乒乓球。2009年他在“美国全运会”（State Games of America）上决赛登顶摘金夺银。他的教练李振恃和张立都是世界冠军，当过美国国家队教练，有名师指点自然进步长足。“其实乒乓球带给我更多的是学习的快乐。”他说。

澳大利亚海归导演朱翊

朱翊1958年出生于上海，1977年考取上海戏剧学院表演系，毕业后在上海电视台当导演。1990年到澳大利亚深造，并成为当地著名的华裔导演。

朱翊的主要作品有：电视连续剧《哎哟，妈妈》（获“五个一”工程奖，电视飞天奖等五个奖项）、《上海沧桑》、《家里比较烦》、《婚前婚后》、《粉红女郎》、《天上掉下个林妹妹》、《不在犯罪现场》、《我是一个兵》、《原来就是你》、《在悉尼等我》、《给我一支烟2—你一定要幸福》。话剧：

* 导演朱翊

《黑眼睛》(中英文版，获澳大利亚文化部多元文化奖，第一届澳华艺术节杰出作品奖)，电视系列片:《电脑号快车》、《说说笑笑》，电视电影:《大房间，小房间》，电影编剧:《残酷的欲望》，参与演出的影片:《不在犯罪现场》、《在悉尼等我》、《给我一支烟2—你一定要幸福》。

在澳大利亚，作为少数民族的华人导演朱翊，当年能申请到资金，排演话剧《黑眼睛》(*Black Eye*)实在是不可多得。《黑眼睛》公演之后非常成功，获得了澳大利亚文化部多元文化奖与第一届澳华艺术节杰出作品奖。此后，来邀请双语导演朱翊的西方投资人越来越多。1993年*Big Bite*的拍摄，就是澳大利亚、美国和香港（当时香港尚未回归）三方强强联手。朱翊任Studio Director。拿朱翊自己的话来说："这是一次全方位的出击。"

虽然在西方社会大获成功，已经具备了国际导演的地位，但朱翊很清醒地认识到，自己对西方主流文化和影片的把握，一定很难胜过西方土生土长的导演。于是，他决定归来，在自己的国土，在母语的环境里，他相信自己一定会大有作为的。1998年，当他乘上悉尼飞往上海的飞机时，那感觉完全不同于当年从上海飞悉尼。他说："当年出来，心怀恐惧，不知道自己落脚的地方会是什么样的境遇，人生地不熟，语言又不通……回去的时候呢，我是信心满满，稳稳地坐在飞机上，心想，现在，无论把我放在世界的任何角落，我都可以很好地生存，更何况现在是回到生养自己的故土。”

当然，海归之路也不是“风调雨顺”，更不是一路“高歌猛进”，八年的旅澳生涯，人的内涵和视野已经改变了很多，眼界和思维方式不同，行事为人挫折是有的，在曲折中前进也是必然的。朱翊说他从前脾气耿直、刚直不阿，现在为人处世学会了圆融，这一方面归功于西方人文的影响，一方面是因为年纪渐长。而在拍片方面，他依然有绝对的自信，拿他的话说是：挥洒自如、进退适宜、游刃有余。他希望能够最大限度地表达自己，不唱赞歌，只为苍生。通过自己的作品，让观众慢慢受启发，渐渐改变思维方式。

“朱翊导演很聪明，做事很认真，很有激情，追求完美。他要求戏要真，无论是编剧还是演员，不合他要求的，一律要修改或者重拍。与他合作的人都会感觉到压力，但出来的效果自然是人人称道、佩服，质量就是高。”制片人王绍伟先生如是说。王绍伟与朱翊首部合作的第一部电视连续剧《哎哟，妈妈》就获得“五个一”工程奖、电视飞天奖等五个奖项。接着，他们连续合作了七部影视作品。

朱翊导演做事很认真，这点我在片场就能感觉到。他和编剧讨论剧情和细节，与演员说戏，尤其是看他对灯光的要求……我瞧灯光师带着一帮人马忙上忙下，两只酒杯放桌子上做参照，导演不时看看小电视屏幕，说这儿暗了，那儿亮了，然后灯光师又开始换灯泡，或者用黑布遮住某处的电灯。我问他：“调灯光挺费劲儿的，比排戏的时间花得还长，有那么重要么？”朱翊导演神色一凛：“灯光实在太重要了。你知道吗？灯光是有感情的，我们就是靠光来营造气氛和情绪，怎么能不讲究？”

从童星到翻译的王战

昔日耀眼的童星

提起王战这个名字，或许有些陌生，然而说起他演的角色，许多生于六七十年代的人们都记忆犹新。1984年春节，一部根据著名作家峻青的同名长篇小说改编的抗日题材电视连续剧《海啸》火爆全国，其中的男二号——通讯员小马的扮演者就是当时还是一名中学生的王战。

在1980年，中小学课本中收入文章仅次于鲁迅的著名作家峻青推出了生平第一部长篇小说《海啸》，经著名播音员关山在中央人民广播电台播出，反响很大，许多听众纷纷要求将这部小说改编成影视片。1982年，由上海电视台拍成了电视连续剧，开始只是试播了三集，反应不太好，之后经删改，由原定的14集改成了6集，于1984年全部拍完播出。因剧情采纳了中国章回小说的表现手法，每一集结尾都设置了悬念，情节又惊险曲折，播出时极为轰动，几乎家家都在看。那时，中国的电视剧还刚刚起步，还有很多人家里没有电视机。这部电视剧播出的时候还出现了集体露天看电视的壮观景象。这部剧写的是1942年，在抗日战争最艰苦的一年，我山东昌潍根据地遇到了海啸灾难，颗粒无收，根据地老百姓面临断粮危险。以宫明山为首的八路军运粮小分队，包括会计郭玉文，排长大老姜，通讯员小马等人接受了为根据地送粮的任务。一路上他们遇到了难以想象的困难，经历了土匪的骚扰，日寇的截击，伪军的偷袭，小分队的战士几乎全部牺牲，最后终于将粮食安全地运达目的地。这部剧不但剧情惊险曲折，而且对人物的塑造与以往完全不同，英雄人物非常人性化，有血有肉，反派人物也不脸谱化。这在当时是十分难得的。

这是上海电视台拍的第一部电视连续剧，整个拍摄过程也是一波三折。剧中人物一变再变，演员也换了好几拨。特别是剧中戏份很重的通讯员小马这个人物一直难产。当初寻找扮演小马的演员非常困难，既要外形像那个年代，还要很好地理解剧情，文戏武戏都要出色，既能演出角色大量的内心活动，也能演出许多骑马打枪的战斗戏。符合这样条件的小演员实在是太难找了。《海啸》的编剧是淮剧团的编剧乔谷凡。有一天，他到剧团的图书馆发牢骚，说找不到符合“小马”气质的小演员，因为那时王战常去那个图书馆，图书馆的阿姨就推荐了他。恰逢王战的母亲得了传染病，他们一家被关在医院隔离。乔谷凡隔着栅栏看到王战那虎头虎脑的样子非常满意，就推荐给导演张戈，张戈导演看了也很满意，就想定下来。可是王战的父亲竭力反对他拍戏，母亲倒是赞成。最终他们让王战自己定。当时王战根本没有拍戏的概念。导演跟王战说拍这部戏要学打枪骑马。那个年代的男孩子，哪个不向往当兵玩枪呢？他就心动了。那一年他14岁，和剧中人物的年龄一模一样。

王战演小马得天独厚。从小生长在部队文艺团体，耳濡目染，有演戏天分，体育成绩好，身手敏捷矫健，又机灵好动，和小马性格很贴近。进剧组的第一件事就是去军训，学习骑马打枪。因为有兴趣，王战学得很快，得到了导演的好评。在剧组里，需要骑马的演员中，王战年龄最小，开始让他骑最矮小、最温顺的马。他说，有一次，大家挑战最烈的战马，只有武行的杨大哥和他没有从马背上掉下来。到山东的种马场拍完戏后，张戈导演奖励他跳上巨大的种马，全剧组人在山冈上站着，看着王战策马驰骋。上马的演员几乎都落过马，王战也差点摔下来过。他说他还被马踢过两次，疼死了。就这样，才有了全剧开始的那个镜头，海啸来临的时候，一身戎装的王战，飒爽英姿地策马飞奔，鸣枪示警。也正是这个精彩的亮相，迷住了我和许多和我年龄相当的小朋友们。

因为完全是本色演出，王战演得非常自信，拍戏十分顺利，大都是一次过，NG不多。剧组的人也都夸他很有小马的气质。不过当时他毕竟还是个顽皮的孩子，常和剧组的人打打闹闹的。在拍第五集《遇险海神庙》那一集他和宫站长被海匪绑在祠庙的戏。休息时，他拿着沈方的手枪，对着他的脑袋比划。那是作道具用的真枪。吓得扮演沈方的演员安振吉变了脸色，等他把枪挪开后，才叫起来，原来里面有颗"空炮弹"，万一扣动扳机，准闯大祸。也是那场戏，美工师在布置内景的时候，他觉得无聊，就上了屋顶，想从屋顶跳到旁边的大树上，没想到树枝断了，掉下来，碰巧扮演大老姜的演员彭荫泰路过，掉在他的脖子上，幸好两人都没有受伤。

拍摄这部戏也让王战吃了不少苦。因为没有学过表演，拍戏时，他尽量要求真实，比如，鬼子要来了，帮助老乡干活，准备了很多假麻袋，再怎么做无实物练习都感到假，他就要求扛真的100斤重的粮食袋。在最后一集里，有这样一段情节：小马负责押送特务头子沈方，土匪老哑巴在中途把小马打伤，截走了沈方。小马从昏迷中醒来，和老土匪激烈搏斗，两个人一起滚下悬崖，落到下面的海滩上。拍摄的时候正好是冬季，王战穿着薄薄的军装，躺在冰冷的青岛海滩上，波浪卷来，海水夹带着沙子灌进鼻子、耳朵里，导演要求他任海浪拍打，一动不动，实拍时，还要努力控制冻得发抖的身体。这样的受罪戏，他都能任劳任怨地顶过去。旁边观看的渔民直夸奖说："想不到南方的孩子比我们北方的孩子还能吃苦。"

所有的辛苦和努力都没有白费。《海啸》播出后，受到全国人民的热烈欢迎。王战扮演的小马也非常出彩，成了全剧的一大亮点。和原著比照，除了山东土话外，他就是小说里的"小马"，集活泼、可爱、调皮、勇敢、机灵于一身。荧屏上，他闪亮的眼睛，灵透的神情，脱口而出的童真，矫捷的身影都深深吸引着观众，特别是小朋友们。

王战的台词功底一直不错。因为父母在家里都讲普通话，王战的普通话也很标准，没有一点上海口音。在剧中，他不像很多童星那样靠大人配音，而是一直用自己的声音。他的声音清脆洪亮，富有表现力。那时候，他的许多台词都成了我们小朋友们课下模仿的内容。

至今看来，王战版的小马也是最经典和传神的。如果《海啸》重拍，这个人物恐怕也难以超越。王战的表演没有一丝一毫的矫揉造作和人工雕琢，几乎就是在挥洒心性。在观众眼中，王战已经把他个性的特点和小马这个人物自然糅合，融成一体，不分彼此了。后来他自己也说，觉得自己很像小马，如果是战争年代，他也会那么做的。这也是大多数观众的感受吧！王战的表演给观众留下美好且近乎完美的印记。尤其是编导在最后一集对小马的结局处理留下了一个悬念：结尾处，所有的敌人都被消灭，粮船迎着朝阳开向根据地。可是小马却身负重伤，倒在了宫站长的怀中，他再也没有醒来。电视剧没有交代小马的生死就这么结束了。这个问题一直困扰纠结着包括笔者在内的许多人，整整延续了25年。在这期间，虽然有不少观众呼吁重播这部电视剧，遗憾的是一直未重播，直到2009年3月，四分之一个世纪过去之后才首次重播，也是因为这次重播，才引出了笔者远隔重洋寻找王战的故事。这是后话暂且不表。

《海啸》的热播，让王战初尝走红的滋味。他走在街上常常被人认出，也有媒体采访他，他的照片上了《上海电视》的封面，他也收到了来自全国各地的不少观众来信。他也是那时候校园里许多同龄人议论的对象。然而回到校园，王战的生活并未有多大改变。老师和同学也没有多说什么。他还是像其他普通中学生一样，要应付学习和考试。因为拍戏前前后后的跨度用了大约一年半的时间，落下了许多功课。虽然在剧组里，不断请外地老师帮助补习，还是差得很远。何况当时王战正面临初中考高中的关键时期，为了追赶落下的功课，他不得不没日没夜地读。他自己形容“就像打上甘岭战役一样，头发一大把一大把地脱落，去看中医，让我吃参茸片，据说是五六十岁老头才吃的药”。看到他这样辛苦地学习，连一向支持拍戏的妈妈也心疼了，不希望他继续拍戏了。不过即使如此，王战后来还是接拍了《海盗》、《镶玻璃的小伙子》（该片获得了1985年全国电视节目展播奖）、《敢死队不在前方》、《穷街》等电视剧。

功夫不负有心人。王战经过努力，终于在中考时考出了好成绩，进入重点中学。那时的王战志不在当演员，他的理想是当一名生物科学家。他的理科成绩一向不错，参加了很多理科方面的兴趣班，也曾积极参加课外学科的竞赛并获得奖项，也帮助低年级同学拿过奖。高中毕业时，他获得了“上海市科技优秀生”奖。这个奖非常不容易拿，算是当时上海中学生里较高的荣誉了。

留学日本又海归

那个时候，上海掀起了去日本留学的热潮，王战也随着这股大潮去日本留学，主修摄影和经济。在留学期间，他在《留学生新闻》上看到广告，《北京的西瓜》剧组在招聘演员，他就应聘参与了这部电影的拍摄。该片是日本80年代新电影的重要导演之一大林宣彦的得意作品，是根据一个叫“五十岚胜”的日本人的真实故事改编拍摄的。写的是日本人春三在日本船桥市经营一家蔬菜店。他常常无偿地帮助那里的中国留学生去成田机场接送、接受担保人、介绍宿舍和打工、在家举行留学生集会等等，为此影响了蔬菜店的经营，债台高筑，甚至到了要拍卖蔬菜店和住房的地步。该片在日本得了4个奖项。在欢庆宴席上，王战发言说，感谢关心留学生的日本人，但是电影作品不要过分丑化中国留学生来提高日本人的形象。除此之外，王战还在NHK参加过一年的中文讲座的小品演出。毕业之后，王战从事摄影、翻译、教书等工作，也曾去意大利游学。

在游历了几个国家之后，王战选择海归，回到故乡上海。刚一回来，就有朋友介绍他去《世纪末的晚钟》剧组拍片。这部中日合拍的电视剧是根据旅日华人作家吴民民的同名小说改编的，讲述的是一段中日两代人为一笔财宝结下的爱恨情仇。王战在剧中扮演律师吉泽美惠的助理铃木吉伸。虽然这是个戏份不多的小角色，但是王战的戏瘾却被勾出来了。他一口气接拍了《追梦谷》、《隋唐英雄传》、《谁是最爱你的人》、《坐庄》、《趟过女人河的男人》等多部电视剧。在著名演员朱时茂制片的反映高尔夫球题材的电视剧《追梦谷》中，王战扮演了美籍华裔投资商陈伟，他与众不同的气质和一口流利的英文险些让笔者误认为他是在美国留学过的。而在央视热播剧《趟过女人河的男人》中，王战扮演了一个单恋嫂子的小叔子葛四。这虽然是个配角，但是演起来难度相当大。王战用丰富的面部表情和富有爆发力的表演，把一个19岁少年的痴情与执着表现得淋漓尽致。这也是王战对自己表演最满意的一个角色。

就在王战的星途逐渐展开的时候，一场突如其来的车祸让他不得不暂别荧屏，待在家中休养。也正是在这段时间，他开始尝试着利用自己的外语特长翻译一些东西。王战本身游历过很多国家，也接触了不同的文化，懂多国语言，除了母语中文，从小学习的英文，后来游学时学的意大利语之外，长期在日本学习和工作，最娴熟的当然是日语。

他翻译的第一本书就是日本著名畅销书作家恩田陆的小说《夜晚的远足》。恩田陆是日本近期女性作家中一颗耀眼的彗星。媒体誉之为“被故事之神眷顾的小女儿”、“怀旧的魔术师”，擅长描写充满乡愁的情景，唤起人们对过往的眷恋。由于笔下的故事引人入胜，横跨推理、幻想、惊悚各个领域，为当今日本最受欢迎的女作家。《夜晚的远足》是一部充

＊王战近照

满韵味的校园题材文学小说。2004年在日本出版后，接连拿下了“2005年书店大奖”和第26届吉川英治文学新人奖，销量突破百万册。小说讲述的是在北高中的一大传统活动八十公里的步行节中，两个高中生贵子和西协融（他们也是一对同父异母的兄妹），在从夜晚到天亮的远足途中，逐渐发现了全新的自我，打开自己的心结，最终互相接纳的故事。尽管小说讲述的是高中生的生活，但由于故事涉及家庭教育、家庭伦理、青少年青春期的迷惘与情感问题，作者的文笔又有乡愁的、抒情诗般的韵味，因而在日本出版后也感动了许多成年读者，被日本读者称为“一部令年轻人流泪，令中年人回味的青春挽歌”。《夜晚的远足》获奖后，迅速加印，至今销售已逾百万册。同名电影上映后也创造了票房佳绩。这也是中国引进恩田陆的第一本书。

王战是个做事认真的人。为了最大限度地还原原著中充满温情细腻，又略带淡淡悲伤的意境，他对每个句子都精雕细琢，力求在语言风格上贴近原著。于是，我们看到的中文版本几乎是原汁原味的恩田陆温婉细腻而甜美的笔触。以至于很多读者都误认为翻译是位女性。一位网友这样写道：“语言平淡朴实，语调亲切自然，青春的羞涩、腼腆、困惑和冲动却又都在了啊——有王战翻译的功劳吧。”

在翻译领域初试啼声，王战便取得了不俗的成绩。接下来，他又翻译了恩田陆的另一部获奖小说《第六个小夜子》，又是很快在当当网卖断。而他翻译的日本教授尾崎哲夫所著的英文工具书《英语介词·冠词完全掌握手册》销量也不错。除此之外，他还翻译了出自日本鬼才导演三池崇史之手，被誉为"《哈利·波特》妖怪版"，在戛纳和威尼斯电影节展映的电影《妖怪大战争》，和素有"日本《魔戒》"之称，根据日本著名漫画家手冢治虫（《铁臂阿童木》的原作者）名作拍摄的同名电影《多罗罗》。

这些年来，王战一直保持低调，默默无闻做了很多事。直到这次《海啸》的重播，他的名字才再次进入公众的视线。在中央电视台的节目表中登出了《海啸》即将重播的预告之后，等待已久的网友们便奔走相告，在许多网站都有网友留贴提醒大家，千万不要错过这次重播。我的好友、北美文心社影视坛的版主冰清因为身在海外，不能收看，就打了个国际长途，给国内的父母，要他们帮忙录下来。她还特地在博客写了一篇博文，除了详细介绍《海啸》这部电视剧，还提了王战是她最欣赏的演员之一。没想到，冰清的博文被转贴得满互联网都是，很多读者给她留言，表示也很喜欢王战这个演员，还记得他的精彩表演。有人问冰清，王战现在在哪里呢？在做什么呢？冰清说，我也好想知道啊！一位移居香港的上海网友和她一样欣赏王战，他极力劝说冰清试着找找看。这真好似大海里捞针。25年是多么漫长啊，这中间又有多大的变化！冰清又人在美国，如何能知道他的下落？网上只能搜来一些零碎的信息。她靠着这些碎片能够分析出来的结果就是他后来出国留学了，之后又海归了。

后来，我也海归了。一到上海，我就开始了《上海"海归"》的写作。冰清偶然向我提及，王战可能也是上海海归，他的故事一定很有意思，应该采访一下他。我立刻让她想办法联络到王战。这下子，冰清像拿了令箭，可以名正言顺地找他了。她考虑了很多方案，最后想到了，王战曾为译制片《战火情天》配过音，也为电影《多罗罗》做过翻译，而这两部片子的配音导演都是著名的译制片导演金琳。冰清的一个朋友刚好认识金琳。冰清问金琳，王战也是海归么？金琳说是的，你们应该采访一下他，他的故事很精彩，经历很丰富，口才也很好。那一刻，我们真是说不出的激动，这是冥冥之中的天意么？是缘分么？

就这样，一封长长的信，带着影迷们积攒了25年的一百多个问题，寄到了他的邮箱里。于是我们便有了现在这个访问。其实王战在回答问题时非常谦虚，很多成就都不肯讲。他一直强调在翻译上，自己的父亲，还有编辑都帮了他很多忙。他还说今后要努力提高自己的文学修养。本文中关于读者和观众的评价都是笔者在网上搜来的。我们想，当年记挂着他的老观众们应当不会失望，他一点都没有变，和小马一样正直、勇敢、善良，还平添了几分成熟、睿智与稳重，又学有所成，经历丰富，才华出众。让我觉得，影迷们这25年的等待与付出都是值得的。

最近，由王战担任统筹，富有异国情调的电视剧《情陷巴塞罗那》正在全国各地方电视台热播中。王战也在其中扮演了男主角林百年的助手赵建文。而恩田陆粉丝们翘首以待的第三本书《球形季节》也由王战翻译完成，即将出版。王战正在翻译的另一部直木奖候选作者和田龙的长篇历史小说《忍者之国》也接近尾声。多才多艺的王战就是这样一个总是能够带给我们惊喜的人。他的故事还远没有结束呢！没人知道下一个惊喜是什么……

从留学生到影视明星的夏凡

采访夏凡

采访夏凡约的是下午两点，上航假日酒店，六楼电梯旁的小休息处。他从《杜拉拉升职记》的片场赶回来，沐浴更衣之后从过道那头走近，高高的个儿，略显清瘦，宝蓝色的衬衫让他看起来非常清新，也非常年轻，落落大方中带着明显的孩子气和些许羞涩，与他所扮演的角色反差很大……看惯了剧照忽然看真人，反而不真实起来。看来他是个可塑性很强的优秀演员，并非只会本色。

夏凡出生在北京一个普通的知识分子家庭。父亲是大学教授，母亲是小学教师。他和许多准留学生一样，希望到欧美名校读大学，将来有一技之长。造化弄人，命运却安排夏凡去了日本，最后却走上了演艺之路。

在日本第一年学习日语期间，为了解决自己的学费与生活费，练习口语，以及了解日本民风民俗，他和同学们决定利用课余时间外出打工。求职多从报纸上的招工广告开始，夏凡也不例外。在一群同学中，夏凡总是充当打电话的角色。也许，这就是他可贵的品质——敢于尝试。

对夏凡来说，当影视演员虽不是初衷，却顺理成章。

初到日本，速成的口语还不过关，只能做少说话、多使力气的工种——在冷冻鱼厂切鱼头。随着口语的长进，跳槽到餐馆后台洗过盘子。由于外形突出，人缘好，餐馆老板鼓励他到前台当侍应生。

知识分子家庭出身，在天子脚下的北京城生长，到日本又潜心学习礼仪，当侍应生夏凡很快就脱颖而出。渐渐熟悉他，并喜欢他的老顾客们看他外形很出色，纷纷推荐他去为杂志当模特。果然，有家婚纱杂志招聘了他。那年，这个杂志所有的封面都被夏凡包了——每期的新娘各不同，新郎都是他。

此后，夏凡除了上学、在餐馆打工以外，又多了一份兼职模特的工作。

回国之后，还在等找公司工作的夏凡，经父亲一个学生的关系，几经周折，认识了著名导演陈家林，才走上了艰辛而又不平凡的演艺之路，出演了《大敦煌》、《女人一辈子》、《好男当家》、《老人的故事》、《51号兵站》、《英雄无名》、《杀虎口》、《北大荒》、《誓言永恒》、《上海、上海》、《手机》、《杜拉拉升职记》等等。

对于80后的新星，这么多的影视作品实属难得，问及有否他关注的男影星，他说他喜欢有内涵、深沉的演员，譬如有过《我心狂野》、《远离赌城》、《变脸》、《猎风行动》、《国家宝藏》和《军火之王》等可圈可点作品的男演员尼可拉斯·凯奇（Nicolas Cage）。

除了借鉴其他同行的经验与表演艺术，多读名著和人物传记也是丰富自己很好的方式。夏凡还希望自己能有机会受到舞台的正规训练，譬如在北京人艺演话剧。他曾经参加过话剧大师林兆华导演执导的《建筑师》、《娜拉的儿女》的排练。夏凡认为，一个出色的演员，他的内心一定是丰富的，他自己就是一个大书库，无论是知识、经验，需要的时候随时可以提取。

夏凡是个懂得感恩的人，对养育自己的父母，对自己的启蒙导演陈家林，夏凡都充满了感激和敬仰之情。在采访中，他多次表露，是导演陈家林带他入门，不但扶上马，送一程，还一直陪伴左右，关心他的成长。

在他自己的博客中有个感人的《生日贴》：

* 夏凡生活照

公元2009年6月27日，我迎来了又一次的“生日”，像以往一样我又身处工作之中，当天上午便给妈妈发了个信息，在当晚候场时还是忍不住拨通了老妈的电话，主要内容是：“妈，祝你‘生’日快乐”。这是一直以来的习惯，我觉得在自己的出生之日其实最应该值得纪念和给予祝福就是我们最亲爱的母亲和父亲。

怀胎十月，十几年甚至几十年如一日的养育之恩，虽然“貌似”理所应当，但的确是我们用一辈子都无法来偿还的世间最珍贵而又可贵的恩情。自古便有：“孟母三迁”，“断机教子”，“儿行千里母担忧”，“画荻教子”，“慈母手中线，游子身上衣”等等名句。我只想借这个机会对生我、养我、抚育了我的父母道一声感谢：“谢谢你们把我带到这个世界，感谢你们让我长大成人，让我真正地懂得了人生，学会了怎样去做人。”

爸、妈，我爱你们。如果非要加上一个期限，那会是：永远。

采访明星，最后，我还不能免俗地问了一些很多人都会问的问题。我问，你怎么看演艺圈的潜规则？他巧妙地回答，如果说真有潜规则，那也不是演艺圈的专利。我又问他，你那么多粉丝，他们会不会给你带来困扰？他灿烂一笑，说：“很奇怪，我的粉丝跟别人的不一样……他们都热情而理性，给我很多事业上的支持和帮助。”

的确，我们文心社的专栏作家冰清，手里有好几个专栏，都为夏凡写了文章，帮助他宣传。她还为夏凡写过好几篇网络新闻稿，通过另一个粉丝的关系发到了新浪、搜狐等大型网络媒体上。还有一些圈子里的粉丝为他联系上杂志，上电视节目。夏凡对粉丝们也非常好，有空时就去QQ群里和粉丝们聊天互动，在百度贴吧留言，还和粉丝们开玩笑，和其他一些故作大牌的影星完全不同。

以下是资深粉丝、更准确地说应该是知心朋友冰清，为夏凡写的一篇评论，理性与感性兼具。由此便可以看出，夏凡粉丝的素质。

从留学生到影视明星

著名作家刘震云的小说《手机》在被导演冯小刚拍成贺岁大片之后，又被改编成电视剧，由陈道明和王志文两位巨星领衔主演，最近正在热拍中。剧中男三号人物，扮演严守一的小舅子于文海的演员却是一个陌生的面孔，他就是有着留学背景的青年演员夏凡。

留学生到海外不是学商业，就是学理工，很少有学影视表演的。即使有少部分人学习这个专业，大多也是在国内就是做这方面工作的，到国外无非是进修，镀镀金而已。像夏凡这样从普通的留学生成为演员的还是不多见的。

夏凡小的时候和别的孩子没什么两样，高中时，个子疯长起来，成了1米85的大个儿。在学校里，他最喜欢的科目是英文和化学。从没想过要当一个演员。夏凡的父亲曾经在日本工作过一段时间，夏凡的朋友当中也有不少日本留学生。和他们的交往让夏凡对日本文化很感兴趣，高中毕业后，他决定去日本留学。

留学期间，夏凡也和其他留学生一样，开始了艰苦的打工生涯。他送过报纸，在餐馆做过侍应生，洗过盘子，还在鱼厂切过鱼头，这让他第一次感到了生活的艰辛，也尝尽了生活的酸甜苦辣。当然，也为他后来的演戏提供了丰富的素材。在餐馆打工的时候，夏凡那高大帅气的外形引起了不少客人的注意，总是不断有客人对他说，你形象这么好，为什么不去当模特呢，还可以多赚些钱。说的人多了，夏凡也就有点心动了，他找到模特公司的广告，把自己的资料寄了过去，没想到，真的有公司和他签约了。于是他的照片上了MELON婚典杂志以及其他时装杂志的封面，还拍了一些广告和电视片，他也拥有了自己的影迷。他发现自己很喜欢表演，上大学时就选择了影视表演作为专业。按说当时夏凡在日本发展得已经相当不错了，但是他觉得金窝银窝不如自己的草窝，哪怕国外的条件再优越，长期生活下去仍然会有一种寄人篱下的感觉。大学毕业之后，他还是决定回到中国发展。

刚回国时，夏凡也和在国外一样，按照广告地址寄资料给经纪公司，交了不少冤枉的资料保管费，结果都石沉大海。原来中国的影视圈特别讲究关系，不然很难入门。就在夏凡几乎绝望的时候，通过偶然的机会通过父亲的一个学生的关系认识著名导演陈家林。当时，这位童星出身的大导演正在筹拍史诗剧《大敦煌》。在第三部中，需要一个会讲日本话的演员来演剧中的一位日本画家，他被军部派来窃取敦煌宝藏，在和中国人的接触中渐渐醒悟，最后为了保护敦煌献出了自己的生命。夏凡在剧中出色的表现不仅得到了陈导演的欣赏，也终于第一次在自己的祖国拥有了粉丝。他给自己的粉丝取了个可爱的名字“饭团”。他觉得对饭团们说“感谢”已经不够了，因为他的艺术生命就是他们给予的。

尽管夏凡出色的外形可以演偶像剧轻松地一举成名，但是他不急于求成，宁愿选择一些不同类型的角色，磨炼演技。接下来，夏凡又在其他一些剧中扮演了各类角色，比如《女人一辈子》中暴戾好色的日本军官三木，《好男当家》中的民工朱子，《老人的故事》里的花花公子李晓飞等。夏凡认真准备每一个角色。哪怕是个戏份很少的小角色，夏凡也演得栩栩如生，让人过目不忘。因为讲一口流利日语，夏凡常常接到演日本鬼子的角色。尽管他演的日本鬼子活灵活现，比起货真价实的鬼子演员矢野浩二毫不逊色，然而夏凡不希望被贴上只能演日本人的标签，他希望有能接到其他类型角色的机会。

去年热播的红色谍战剧《英雄无名》中，夏凡扮演的打入军统的地下党员梁栋让人耳目一新。夏凡用亦正亦邪捉摸不透的犀利眼神，把作为军统特务和地下党员的双重身份表现得恰到好处。《英雄无名》在中央电视台黄金时段两次播出，取得收视率之冠。此片还获得了韩国首尔国际电视节的五项大奖提名，并最终获得了最佳电视剧与最佳美工两项大奖。更多的观众通过这部剧认识了夏凡。在网络举办的针对此剧“最喜爱的角色”投票中，梁栋票数遥遥领先，甚至超过了主角阎宝航，排在了第一位。

* 夏凡在电视剧《杜拉拉升职记》中扮演王宏

紧接着的一部抗日电视剧《杀虎口》中，夏凡再次扮演了日本军官，和八路军过招。和其他日本鬼子比起来，羽田的形象更丰满，更有个性。夏凡的演技也因为这个角色有了一个飞跃。在今年2月上海经济台的首播中，《杀虎口》一举夺得收视之冠。夏凡扮演的羽田也给观众留下深刻的印象。许多人盛赞他的演技，并认为羽田改变了以往日本军官的脸谱化形象，让大家第一次意识到日本鬼子也是人。在《杀虎口》的百度贴吧中，讨论羽田的帖子异常热烈，夏凡的人气也成为剧中演员里较高的一个。

夏凡再接再厉，又在建国60周年献礼片谍战剧《誓言永恒》中扮演了反一号罗建成，一个性格复杂、足智多谋、凶狠狡诈的台湾特务。夏凡在此剧中的表演再次有了突破。罗建成虽然是个心狠手辣、杀人如麻的敌方人员，却也是一个真诚追求爱情的年轻人。丰富的内心戏让这个角色的塑造更加突出了人性的多面性。夏凡日渐成熟的演技得到了素有“谍战剧之父”的著名导演毛卫宁的高度好评。而夏凡在剧中酷酷的造型也让观众眼睛一亮。

在拍摄《誓言永恒》期间，夏凡还穿插拍摄了导演李文岐（曾导演电视剧《李小龙传奇》）的建国60周年献礼片——50年代开发北大荒的电影。外景地的条件极为艰苦，为了再现当年开荒的真实场景，演员们要经常泡在冰冷的水中，或者在恶臭的泥塘中拍戏。以前李导演带演员来拍片时，很多演员一看到那么恶劣的条件都弃约逃跑了。不过夏凡认为吃些苦是值得的。这将是他第一次登上大银幕，也是第一次担纲男主角。今年国庆期间，大家就可以看到这部献礼片了。夏凡希望通过自己的努力，能在表演上有进一步的突破，为观众留下更多难忘的艺术形象。

除了演技出色，夏凡还多才多艺。在《大敦煌》新闻发布会上，他和香港著名演员翁红合唱一曲《不悔》，富有磁性的歌喉，让人颇为惊艳。

夏凡博客中一篇篇文笔优美、感情细腻的博文都是他亲力亲为，不假他人之手。他会自己合成剧照，还会制作MV。在四川地震期间，他用《英雄无名》的片尾曲，加上一些新闻视频片段，做成了一个支援灾区人民抗震救灾的MV，得到了大家的好评。

良好的基础，扎实的训练，再加上个人的吃苦和努力，夏凡已经在演艺事业上交出了一连串亮丽的成绩单。宽广的戏路，个性分明的角色和过人的才华，让夏凡正在成为一颗冉冉升起的新星。无论是在留学生中，还是在演员中，夏凡的经历都是非常独特的，而正是这种独特让夏凡和其他明星显著不同。他依然保持着留学生的作风，虚心向演艺界的前辈们学习，把握好每一个机会，尽最大的努力演好每一个角色。夏凡不是那种一夜走红的明星，他最大的愿望是成为一名实力派的演员。但愿他能够继续保持留学生身上的那些优良品质，通过自己一步步的努力，让美梦成真。

辑五

永远相信远方

——“骨灰级”网虫Sunny Zhang和她的网络梦想

坐在恒隆15楼，望着落地玻璃窗外的繁华南京路，咖啡伴着午后懒散的阳光洒在我们中间。透过阳光看过去，Sunny与我十年前的圣诞一别未见的老友已经有了明显的不同，如果说当初她是个文学青年的话，今天俨然已经非常“职业”了。

“我好像总是喜欢挑战。”她说得有些轻描淡写，但背后却透着刀光剑影。在全民工资还不过千的90年代初，她就因为勤于笔耕成了朋友眼中的“小富婆”。《文汇报》是多少人盼望的地方，她却在大家的瞠目结舌中递交了辞职报告：“不过就是去美国嘛。别人能活我也能活。大不了回来继续爬格子。”或许真的是因为年少气盛，就这么“挥一挥手，不带走一丝云彩”了。

虽然美国的生活远远没有想象中的那么浪漫，但至少是安逸的、舒适的：“有时候坐在绿绿的草地上，看着那么蓝的天我总是在想，美国那么好，可惜不是我的。”也许正是这一份丢不掉的“故土情结”，让她在日后身上总有一种“傻傻的劲”，想有朝一日一定要“归去”。

初遇美利坚

○

Sunny一开始学的是communication，但那个说英语口音浓重、听起来完全不知所云的印度老师实在无法让人忍受了，于是她开始重新寻找，调整自己的目标。正好那个时候计算机风靡，而她几乎是个网虫，于是毫不犹豫地就转了专业，从本科开始修起。最初她的想法也很简单，学了计算机专业就会做网站了。后来很多人都非常奇怪她的这种决定，都以为她要不就是“疯了”，要不就是“超人”。Sunny笑着说，“其实他们不知道，这也源自我父亲以前说过的一句话，学理可以从文，学文却难从理。当时，他这么说是为了不让我哥念文科，但是世事难料，今天都是MBA的天下了。”

普度大学（Purdue University）位于印第安纳的一个小镇上，以出了阿姆斯特朗这样的宇航员著名，今天美国宇航局NASA的工作人员中，有相当一部分毕业于这所学校。由于良好的校风，那里的中国留学生学习都非常用功。大学毕业考完就决定“一辈子再不考试”的Sunny，不知不觉也被融入了其中。她依然陶醉：“我渐渐喜欢上了编程序。看到自己写的那些文字在电脑上一跑就变成可以应用的工具时，心里甭提多高兴了。”也就在那个时候，她疯狂地迷恋上了中文网，在“国风”“橄榄树”“花招”等最初的一批海外中文网络杂志上开专栏、写文章。“那时候真的是网虫，”她有些不好意思，“每天回来第一件事就是拨号上网。害得朋友们都抱怨无法打进电话。”但也正是那段时间，她创作了大量的小说，包括后来在《小说界》发表的《心有别趣》和《三天》，以及颇受争议的女性小说《上海往事》。

“真的很感激网络，它让我在异国的日子过得不再那么寂寞。在网上交到了很多好朋友。包括与著名编剧薛海翔的认识，也是因为在BBS上的一场网战。做过电影记者的我和他有很多共同认识的人，一下两下，终于知道了对方的‘真面目’。也引发了后来我回国写剧本的因缘。”

在美国乡村小镇呆了五年后，Sunny拿着“优秀毕业生”的缎带来到了波士顿。“这是我最喜欢的美国城市，”说起波士顿，她的眼睛里充满着喜悦和怀念，“我喜欢查尔斯河边滑冰的情侣，还有昆西市场上充满欧陆风情的小街。走在哈佛广场上，形形色色的人，林林总总的小摊，真的让你目不暇接。”这是全美国最有“文化”的城市，背靠哈佛和麻省理工，可以说人才济济。她也因此结识了许多的学者、作家、诗人和画家：“生活一下子不同了。那个时候我们有两个圈子，一个是赵元任先生的女儿组织的红粥会，很多朋友都在他们家周末聚会，朗诵、表演。还有一个是朱蓉女士（她的公公是著名作家，鲁迅的好朋友台静农）在市中心开的话剧中心和画廊，平时总是有很多的表演和派对。”为了能更好地立足美国社会，Sunny一边在双语报纸兼职，一边继续在波士顿大学攻读电子商务的硕士学位。“我对电子商务非常着迷。那时候整天把自己关在房间里琢磨着自己做网站。其中坚持得最久的是Ditto逛网。就是把一些自认为有意思的新闻摘下来。当时很受留学生好评。”千禧年到来之前，整个美国都在疯狂的网络淘金之中，只要经历过那段时间的中国留学生，见面必然会问：上市了没有？身边不断有人去了start up公司，又有不少人下海开始创业。波士顿是个信息量非常大的城市，而刚刚进入哈佛做网站设计师的Sunny，更是与一群充满创业激情的留学生们接触频繁。他们常常在麻省理工的顶楼聚会，畅谈未来理想。

不如归去

谁也没有想到互联网的泡沫会破碎得那么快。当雅虎的股票暴跌一百倍的时候，很多人把新订的宝马X5放弃了，还有的甚至开始卖房子。周围的人绝大多数家里至少有一个人失业。在中国留学生中间可以说是人心惶惶。

与之相反，中国却在千禧年之后因为申奥的成功而举国民心振奋，很多的热钱都开始流向这片热土。也许是天意吧，在得知父亲得了癌症之后，本来犹豫的她义无反顾地回到了上海。

“我真的不知道自己回来能做什么。”除了做个孝顺女儿陪伴老人之外，Sunny给自己每天的“任务”是“赚一百块钱”。这样就可以养活自己，不要问远在美国的先生开口了。就这样碰到了也在上海的薛海翔，邀请她一起来写央视的八点档“栀子花白兰花”。当这个在网上已经熟得不能再熟的老朋友出现在眼前时，Sunny还是微微有些吃惊的：太帅了。她调侃道。其实是因为薛大哥在网上扮演的是一个18岁的MBA，只身到美国求学的追星族美美。到现在，海外中文网上还有很多人在好奇，“追星族”到底是谁。

跟着薛大哥写了一年多剧本，Sunny开始慢慢缓过神来：这个曾经生活了20多年的城市，因着八年的远离已经有些陌生，而现在切切实实走在马路上，挤进地铁里，感觉非常的温馨。看着父亲的身体也一天天好起来，她真的非常欣慰。

“我想一切都是天意，让我走进掌上灵通，让我后来有了机会去开始另外一段人生。”自称“不会赚钱”的Sunny是被人“强迫”着去找工作的。但没有想到就是那么一次偶然，让她开始有了不同。“我至今还记得第一次进Linktone的办公室。一长排的人在没有隔断的空间里飞速打着电脑。都是20多岁的年轻人。看到他们就感到了活力。”Sunny对当年的第一印象至今记忆犹新：“来负责面试我的是我在BU的校友Stellar，两人相见甚欢。她立刻决定帮我约见CEO杨镭先生。”

见了杨镭，Sunny觉得自己遇到了一个特别相投的老板——不仅仅是老板，其实更是兄长或者朋友。同样海外生活的经历，使得她非常钦佩早已是硅谷大老板的Raymond Yang，放弃了舒适的生活来上海创业。他把自己的人生比作“锯齿形”，这是非常有意思的比喻，而杨镭告诉他的员工：创业，是一种生活方式。就是这句话改变了后来Sunny的价值观。一直耽溺于小资的她不久也开始扎扎实实“创业”，这是后话了。

杨镭的班子里除了CFO是老外，几乎百分百的海归。这些海归平时在一起好像还是在硅谷的感觉，他们依然习惯穿名牌T恤和全棉的裤子。不打领带，但常常套着休闲的西装。无论是开会还是Email，基本都是夹着一半中文一半英文。唯一不同的是，他们在这里为中国数亿（当时是2.5亿）的手机用户提供娱乐内容的服务。

千万别小看这一条一条的短信，这一毛钱的生意在杨镭的手里竟然一步一步走到了纳斯达克。“其实我当时进掌上灵通最重要的原因就是它马上要上市了。”能够参与这“纳斯达克无线娱乐第一股”的上市，Sunny坦言是她职业生涯中最值得记忆的一笔：“那些日子，老板带着团队在路演，我们负责所有公司的运作。作为公关经理，最要紧的就是要封锁媒体，直到最后揭开的那一天。”回想起来，Sunny仍然心有余悸：“那时候很怕到最后的时候出点问题：如果上不了怎么办？如果价格不理想怎么办？反正都要想好媒体对策。”就这样，每天深更半夜老板都要打电话或者发短信来，她的神经高度紧张，似乎就是在等待着一场攻城之战。

2004年3月4日，掌上灵通作为全球范围第一家以无线（手机）增值业务上市的公司登陆了纳斯达克。杨镭在给公司员工的一封信中说：我们不是结束了一场战役，而是刚刚开始了一场战役。这个过程，后来被Sunny和她的伙伴一起写进了一本叫做“飞向纳斯达克的分分秒秒”的书里，这也是公开发行的首部有关中国公司海外上市的“宝典”。

职业经理人的生涯，把一个“文学青年”彻底改造了。每天套着职业装，与各色人等谈判，策划媒体公关活动，甚至利用自己原来的社会关系与影视剧组签约做手机娱乐内容，可以说那段时间Sunny忙得不亦乐乎。而这个职位似乎为她而设：“大概没有几个人能像我这样五大媒体都玩过了。从平面，电视广播，到互联网到手机……媒体的演变造就了新型的SP行业。”她可以在公司里给工程师编写程序逻辑设计，也可以与商务部门一起谈下一个又一个合作伙伴。“公关”已经是一个名头而已，甚至很多时候，杨镭都会跟她讨论很多业务方向的事情，似乎早已忘记她不过是个公关总监。

一直到2005年，当掌上灵通拿下超级女声的项目时，大家才真的觉得机会来了。“那时候真的开心啊，每个周五我们都坐在最大的会议室里打着投影看超女。然后不远的地方是我们的客服在不断接受电话和短信。恐怕谁都没有这样的殊荣吧。”

公司大大获利，但也带来了不少负面的质问。最多的是决赛那天当李宇春的票数遥遥领先时，很多媒体打爆了她的电话。作为新闻发言人，她必须真实面对媒体：“虽然通道有堵，但确实没有作弊。”这条新闻第二天通过互联网被广泛转载，直到今天在百度上搜“张浩音（Sunny的中文名字）李宇春”都能搜到一大堆这条新闻。

“没想到，因为这条新闻我还找回了一个久散的老朋友。”Sunny笑着说，“那天一大早突然有人打来电话说是波士顿来的。”原来那也是个玉米，追着李宇春的消息找到了张浩音。“原来‘人肉’就是那么简单。”她哈哈大笑。

三年的职业经理人生涯，现在的Sunny总算有点商业头脑了。借着超级女声的影响力，她策划了新书《超级女声超级策划》，是当年有关超女整合营销的第一本书。20天完稿上市！几乎是踏着李宇春夺冠的谢幕应声而来的。这本书不仅给公司带来了巨大的社会效应，也令她有机会成为当年度的全国IT十大巾帼英雄。

“其实后来我一直想，为什么放弃美国的舒适生活留在上海？我想我还是希望这个社会正在流行的事情是由我参与并推动的。”也许，这就是所谓的主流吧。在接下来的《如果·爱》，《无极》，韩寒发片，她都有份去参与无线部分的策划推广。看着这些活动不断在媒体曝光，Sunny觉得自己的辛苦是有价值的。

然而，正当一切似乎都越来越美好的时候，SP行业出现了大滑坡。随着运营商收回大量业务，夹在中间的SP渐渐断了生路。杨镭因为董事会的争斗悄声离开了掌上灵通，意味着他的嫡系也迅速撤离了。“那段日子很郁闷，觉得我们真的快看到顶峰了却一下子被甩到了谷底。”Sunny无奈地笑笑，“不过Raymond这么大老板，为公司做了那么大的贡献尚且都受了那么大的委屈，我又算什么呢？”只是这件事给了她一个启示：打工是出不了头的，为人做嫁衣的日子也不会长久。

要把NHT打造成世界一流的B2C网站

“这些年在中国，我看好两个方向：互联网和连锁经营。”为此，Sunny还加盟了连锁店去学习，发现国内的连锁经营实在太不规范，所以很难打造出麦当劳这样的企业来。

“大概是冥冥之中安排的吧。认识NHTGlobal之前我不过是它网上的一个消费者。但有一天他们拿着复旦大学教授居延安的《关系管理学》来让我‘好好研究NHT模式与GE，DELL的区别’的时候，我才对这家公司突然感了兴趣。”拿了电子商务硕士的Sunny，这一次终于专业对口了。作为这家同样在纳斯达克上市的美国企业的网络分销商，Sunny今天的工作是推广网站，扩大销售。

“复合式的电子商务一定是个趋势。”坐在恒隆的公司体验服务中心，Sunny用很专业的姿态开始跟我讲她的专业：“马云刚刚做阿里巴巴的时候谁都看不懂。有一次我在纽约的肯尼迪机场看到阿里巴巴的广告还嘲笑他‘过分民族主义’，烧投资人的钱。但没想到，几年后我在同一个机场遇到飞中国的老外拿着从阿里巴巴上打印出来的中国商户的联络地址，不得不佩服马云而脸红自己的无知与浅薄。”确实，在Sunny看来，今天马云已经初步缔造了他的电子商务世界，几乎每个领域都已经涉及了。B2B的阿里巴巴，C2C的淘宝，到今天的B2C的淘宝商城，以及分销平台阿里妈妈。这不仅带动了互联网的全面引爆，最重要的是，在这个平台上千万个有梦想的人，可以开始起步创业。

Sunny又想到了杨镭的“创业是一种生活方式”的说法，正是这句话，让她放弃了很多次大企业高薪的诱惑，留在这里和一群伙伴创业。“每一次我在台上跟几百甚至上千的人讲电子商务的时候我感觉自己充满着力量。”虽然这个新型的行业令很多人不理解，甚至有误解，但是她相信，正如马云当年被人说成“坑蒙拐骗”的时候，他始终坚持着自己的梦想。“这也是我的梦想，就是把NHT打造成世界一流的B2C网站，一个真正的空中沃尔玛。”Sunny信心满满：“NHT是全球最早提出将互联网和人际网络完美结合的六网合一的公司，至今只有后来者模仿却没有后来者超越。很大程度上是因为它在中国有一群专业并且敬业的企业家参与。”为了能够做好这个生意，Sunny一次又一次来到系统高手，著名天使投资人、企业家马丽在温哥华的家中当面请教。一个又一个不眠之夜，她聆听马老师在这个行业里总结出来的精髓，简单复制而形成的规模化永续管道令她茅塞顿开。如果说互联网在张朝阳时代只要50万美金就可以起家，今天的B2C至少是1 000万美金的后续了。而中间因为跨行业人才的缺失，令中国的B2C远远落后于美国。马云的淘宝商城也正是因此而诞生的，让没有能力自己开设B2C网站的商家到现成的网站里来摆摊，然后抽成。“NHT比淘宝还要往前走了一步。如果说淘宝的分销平台只能一个人营销的话，NHT的分销平台又加上了连锁经营的优势——而且是跨国界的。”Sunny分析道，“在这里有一个很重要的概念，也是欧元之父蒙代尔提出的‘消费获利’的概念。如果有一天NHT的品牌和沃尔玛一样，那么作为它网站分销商的话，获利将是巨大的。”而且Sunny还透露说，虽然这是家美国公司，但是因为是上市公司，所以很多中国消费者都投资于其中，“总有一天它是中国人的。”Sunny哈哈大笑，有点孩子气的狡黠。

2009年的春天，一场猪流感留住了她的好朋友，同样也是海归的马捷。在她的软磨硬泡下，马捷终于答应一起来“看一看”。作为成功的年轻企业家，马捷是中国最早一批做海外高端旅游的。这个外语学院的高才生，毕业后就被分配进了国家机关。但是天性爱动的她不甘心坐在办公室里，而是背着背包去了西班牙，后来一发不可收拾，走遍了世界70多个国家和地区，变成了名副其实的“世界公民”。曾经策划过马拉多纳等大型活动的马捷，与西班牙王室，墨西哥国家高层等都有很好的关系。每年他们的政府机构及其大型企业到中国的旅行都由她的团队策划接待的。这次“被迫”留在了北京，没想到，这一留，留出了一个“春秋大梦”。

三个女人一台戏。她们又拉上了姐妹淘，文化商人郭力源，组成了海归派俱乐部“马绘”，目标就是做成一个亿万级的消费者俱乐部：“我们要把网络消费，世界旅游，投资考察等等融合在一起，形成一个真正的‘全世界中产阶级联合起来’。”依靠她们的网络关系，市场已经开始从中国走向了世界，美国、加拿大、西班牙，甚至小时候要援建的“穷”地方阿尔巴

* 三个女人策划了“马绘”，左起：Sunny、郭力源、马捷

尼亚都可以看到了NHT的印记，“只要物流可以到达的地方，生意就可以做到那里。这就是互联网的魅力。”

三年来，Sunny在NHT的平台上结识了大量的各行各业的企业家。当她一次一次被这些企业家问及“如何将传统企业与互联网结合”的时候，她开始考虑能做些什么。所以今天她又把触角伸到了更远的地方——和一群NHT上结识的伙伴一起组成了“新焦点”，为江浙的中小企业做互联网顾问。“不管是在NHT的平台上讲课，还是给中小企业做顾问，其实都是在做一件事：普及电子商务。如果我们能达到美国人上网购物的比例，那么中国的GDP还会大大增长，整个社会架构也会有所不同。”说起这些愿景，Sunny目光烁烁，“我回到中国就是希望这个社会在发生的一些人们津津乐道的事情是由我引发或者推动的。”她再一次强调这句话，“我很少把人称作老师，但是我把马丽称作老师，不仅是因为她教会我系统运作，更重要的是，她让我看到了成就他人的伟大。而这是了不起的。如果我能够把我学到的知识惠及他人，那么我的人生价值将超越于所有可以用金钱衡量的成功。”

“70后”海归商云溱和吴宸

商 云 溱

见到商云溱之前已经有好几个朋友向我提到她——一家知名美国运动品牌公司的中国代理，很棒的一个女孩子，你一定要写写她。虽然在来往信件中，她告诉我，她喜欢文学。她的文字很美很灵动，但我以为会见到一个干练、中性、雷厉风行的文学女子。一照面，商云溱与我心里预设的形象根本对不上号，眼前这个美丽、温柔、娴静、文雅……甚至是柔弱的女孩子，你几乎可以把所有对女性赞美的词用在她身上。在恒隆广场一层大厅与她刚一对视，她就喊姐姐，上来挽我的手。我乐得两眼笑眯眯，心里甜蜜蜜。有这样一位才貌双全的妹妹，真是好福气哪。

商云溱生长在南京，父亲是一位数学老师，她自己却自小怀着瑰丽的文学艺术梦想，然后，在中国家庭中千篇一律的亲子两代为职业而战的序幕就拉开了。按父亲的意思，商云溱应该去学理工科。这个乖巧听话的女儿，最终去读工商管理——折中的选择。2002年，商云溱管理硕士毕业之后出国了，在美国名校哥伦比亚大学深造，专攻组织心理学和人力资源管理。2004年拿到MBA学位之后到纽约一家国际贸易公司任客户管理。2006年回南京探亲度假时，猎头公司找上门，竭力推荐在上海的这家美国运动品牌公司。

商云溱抱着好玩、瞧新鲜的想法去这家公司面试，面试之后就心动了，一方面，公司的团队从穿着到思维都充满了青春活力，非常有吸引力；另一方面，从美国回到中国，不但可以缩短与父母的地理距离。而且，自己的衣食住行都会比在纽约有过之而无不及。

我好奇地问商云溱，你是怎么比较纽约和上海的衣食住行呢？她抿嘴一笑，轻声细语，娓娓道来。

“我爱吃中餐，纽约的中餐馆哪有上海的地道？虽说纽约和上海的房价都很贵，但我在浦东买得到新房，曼哈顿的都是老房子耶。我喜欢秀气、女性化的服装，可是，欧美风格的服装太中性，太粗犷了，偶尔在店里看到有蕾丝花边的裙子我就要惊叫了，而在上海，女生可以穿得像可爱的公主。最后说到交通，上海的地铁也很发达哦，却比纽约的新、干净……可是……可是，唯一遗憾的是，上海没有纽约那么多、那么好的图书馆和博物馆。”

说到图书馆和博物馆时，商云溱那美丽的双眼明显地黯淡了。我问，那些博物馆，你最喜欢哪一类的？她答，艺术博物馆。她也结交了不少欧美艺术家，还当过他们的着衣模特儿。

* 毕业之日商云溱在哥伦比亚大学留影

谈话越深入，我越感觉眼前的女孩不像会在商界待太久。我问她，将来，你会出来自己创业么？

“当然，这是必然的。我欣赏创业者，我必定也是其中一分子。”商云溱回答得干脆利落。

“那你会做哪一行呢？”

“经营画廊。”商云溱眼里闪烁着光芒。

“还是经商啊？”

“文学艺术是永恒的生命。中国需要一次新的文艺复兴，我愿意做其中助推的一分子。”她沉浸在自己的憧憬里，“我最理想的事业是推动中国的美学教育和传播。我最理想的生活是文人十乐——读书、谈心、静卧、晒日、小饮、音乐、书画、散步、活动、种地。”

我有些不解：“经商……不是都说无奸不商么？你这么个理想主义者……”

“不，你错了。”商云溱急切地打断我，“艺术是美，经商是善……一定要从善出发，才能诚信，才有彼岸。而人，是美的。每个人都有成为艺术家的可能，小时候，我们不是都很有创意吗？目前中国还是缺少美学教育，这样的功课最好在初中就有。在世界观形成的时候，给予正面、积极、向上的引导，这样成长、成人之后才会眼界开阔，懂得享受生活，不是只懂钻营唯利是图。我们力求真善美——真，追求自然科学知识；善，学习利用知识来造福社会；美，培养生活美感。一个社会应平衡发展着三个方面，才能做到真正的advanced（发达）。生活是一件艺术品，每个人的人生也是，要用一生去细心雕刻，才会耐人寻味。”

“要说挣钱，文学艺术远不如金融……”我还想给刚出象牙之塔的女生一个提醒。

她很认真地望着我良久，缓缓地说：“就算不如，我也愿意。我喜欢对人类有帮助的那种赚钱方式，无论是科学，还是文学艺术。金融……用钱挣钱的方式我不喜欢。”

看来，这个心性高、聪明美丽的女子已经在探索理想和现实完美结合的路子。

对于海归，或者对海外未归者，你有什么想说的么？我话音未落，商云溱已经抢答，或许，在信和电话里，她已经无数次地对还在美国的同学和同事呼唤过“归来吧”！她说：“我一直鼓励和号召每个出国深造的中国人最终要‘归’。不管大归（完全回国），还是小归（国内外两头跑），都要回来，这对祖国和个人的发展都比永远寄居国外更好，‘归’是出国的目的对我们祖国的进步有贡献，不管是科学上的，还是思想上的，抑或是生活方式上的。”

吴 宸

第一次见到吴宸是在宋岩的办公室里。他来和宋岩谈帮华迪引进风险投资的事。我见缝插针与他聊天，结果，他的经历引起我极大的兴趣，随心的聊天变成了正式采访。

居住海外12年，精通英语，并有六年国外投资银行经验和三年国内投资经验，熟悉投资战略研究、投资项目的调研及可行性研究分析，投资项目管理，企业收购与兼并等业务。熟悉风险投资、房地产行业、医药行业、金融行业。在上海市、长三角地区和海外都有丰富的人脉关系。现任上海交通大学创业投资协会执行理事，上海创新资本平台副秘书长。

这是吴宸的官方履历，而引起我兴趣的是，这个履历背后精彩的故事。

吴宸初中毕业后随父母移居新西兰继续学业，大学毕业在海外工作六年后回国，父母依然留在新西兰。

我开门见山问吴宸："为什么回来？"

"我喜欢上海，回来是我一直的愿望，在国外的时候就留意中国的变化，上海作为未来的国际金融中心，会有更多人才更多的国际企业进入，这样一个富有竞争和挑战的城市，是非常吸引我的，所以我应该在这个时候回到祖国，做点贡献，也为自己发展事业抓住最好的时机。"

"那你为什么要出国？"

"我是一个孝顺的孩子，当时父母希望带我一起去新西兰……我只能答应。"

故事最精彩的部分总是在意料之外。连父母都没有想到，在新西兰发展顺利的儿子，突然要海归。刚回上海，他一个人都不认识，雄心勃勃去面试，结果都被没有国内工作经验婉拒，最后选择从销售的基层做起。但是为了能尽快熟悉中国目前的市场环境，他还半工半读，进入上海交大MBA班进修学习，在学习中了解分析了很多中国企业的案例和管理特点，也结交了一些和自己志趣相投的朋友。MBA课程结束后，他又报读了交大的风险投资班，以便了解更多目前中国资本市场的情况。通过一年多的国内生活和学习，吴宸毅然决定拿出自己的积蓄在中国开了一家投资咨询公司，公司的主要业务是投融资服务。

"你蛮有经商头脑的嘛。"我忍不住半调侃、半恭维。

"我从小就知道自己要当老板。"吴宸语出惊人，"当老板可以赚钱……赚很多钱。"当然，那是一个孩子心中的梦想。

"人家说，你们常常是空手套白狼……"我又忍不住调侃吴宸。这个七八年生的男生，很诚恳，也很机智，与他对话有快感。

"'空手套白狼'是在追求投资回报的最大化，这是每个商人都在追求的目标。在西方商业社会比较成熟了，大家对'空手套白狼'的运作早已很熟悉了。利用时间差或空间差打破'先有鸡先有蛋'的商业死循环，使一个几乎不可能的项目变成现实。这也是成功地'空手套白狼'取得商业成功的秘诀。"吴宸开朗地大笑。真是后生可畏。

我决定换一招儿。一开始他对海归的缘由说得闪烁、模糊，我猜其中必有故事，于是单刀直入。果然不出所料。

"……我一直想回国的，但是没有确定过具体时间，但是因为认识了一个女孩，也可以说，是她加速了我回来的计划。"

"一个中国女孩？而你在新西兰……你们怎么认识的？"

"我们是在QQ上认识的，她是成都女孩。"这会儿吴宸倒是很坦率。

"网恋……修成正果啦。"我开心地大叫，"你们一见钟情？"

"我们网聊很长时间了，不存在一见钟情，但是下飞机见面后两个人还是有些陌生感的……不过相处几个小时后，相互之间还是很满意的。当天晚上便见了她的父母及家人，就像古时候的上门提亲。"吴宸这话真是雷死人不偿命。

"婚后……有过悔意么？过日子中，你们有东西文化差异和冲突么？"虽然看他的状态很好，但我还是有些担忧。

"不后悔，我们越来越好，当初的决定完全正确……我们计划生三个孩子！"吴宸非常起劲，"差异和冲突是有啊，她讲究踏踏实实地工作挣钱，我琢磨着怎么空手套白狼。她十分在意存钱，我却全部拿去投资。虽然我们现在还没有孩子，可她说孩子不能输在起跑线上。我认为应该将人生形容为一场长距离的竞赛。当孩子没有一定的阅历时，灌输和孩子的年龄不相符的知识，孩子没有生活经验，对知识的感悟不会深刻，不但没有共鸣感，甚至会厌恶。爱因斯坦说：'想象力比知识重要。'有想象力的人才能进行创造性劳动。想象力和知识是天敌。人在获得知识的过程中，想象力会消失。因为知识符合逻辑，而想象力无章可循。"

"那你觉得回到上海什么使你最快乐，是事业的成功吗？"

* 吴宸给上海大学学生上职业规划课

“我觉得事业上的成功只是在体现自身的价值，我认为能帮助到别人是我最快乐的。回上海以后在我的一位MBA老师介绍下，我参加了一个叫做‘中国青年志愿者’的非盈利性组织，在这三年中我帮助了许多即将跨出大学校门的学生，为他们提供一些职业规划的参考，面试的技巧，职位的分析。还为有创业梦想的高中生进行项目辅导，协助他们开办学生公司，并在中国高中生创业大赛中荣获三等奖。他们把我当成良师益友，课上师生课下朋友，这种生活状态是我很满意的，我可以从他们身上预见中国的未来，他们的成长也一直坚定了我回到中国留在中国的决心。”

到最后，吴宸才告诉我，他的祖父是烈士吴志骞（1904—1939年），原名子谦、嘉隆，江苏南通人，教育家，上海女子大学和上海女中校长，抗日爱国殉难烈士。将门虎子，英烈之后……两代海归，不同的命运与前程。缅怀先烈吴志骞！祝福吴宸！

“80后”海归Vivian和Calvin

归去来兮

在海归大潮中，近十来年的大致可以分两股洪流，一是上个世纪80年代出国的那批留学生，另一个是新世纪的留学生。前者习惯上被称为“老海归”，以50后和60后居多。后者则是70后与80后的“新海归”。新、老海归除了出品年份不同，在精神层面和追求目标上也各有千秋。有道是，老海归爱国，新海归求职。

所谓爱国，对海外华人华侨来说，“国”多数时候是指故土、家园、中华文化、汉字……老海归在海外十几二十年了，乡愁难免，“海归”话题在美国华人中也颇为时尚。以留学生为主的大批中年中产阶级分子，生活逐步安定下来之后又出现了前途危机，尤其是近来美国经济陷入低谷，归与不归便成为最热门的话题。这群新移民，当年经过一番奋斗，“3P”（3P：Ph. D. 博士；Permanent Resident永久居民；Permanent Job正式工作）到手的喜悦已经渐渐淡去，归与不归的谈兴却越来越浓。

读到一位朋友的一篇回国有感，描述了令许多海外华人忧郁的共同的痛，暑假结束，从轰轰烈烈的大陆，回到安静的美国后出现心理不平衡，颇有浪费生命之痛感。说北美是天堂，大陆是人间烟火。天堂固然好，衣食无忧、与世无争，五子登科以后一切按部就班，没有什么好折腾的了。而如今的大陆日新月异，最近又有华府专家——智库经济战略研究所所长普雷斯托维兹（Clyde Prestowitz）预言，中国经济30年后将超越美国。这就是说，回中国的话，还有许多事可以做，只要你想折腾。人间烟火有的是南征北战、爱恨情仇、七情六欲。

与当年留不留学的选择相比，归不归去似乎更难抉择。当年青春年少，行囊一背就可以漂洋过海，如今有了家累，归去，孩子学业、夫妻情分、个人生活习惯、竞争能力诸如此类皆是天平上的砝码。不归，又如何面对平静、平淡、重复的日子直到退休，以及退休以后忽然多出的大把时间。归去来兮如何取舍？

当然，如果有机会归去，自然是求之不得。只是归去的条件却是苛刻的。“老海归”能在海外安家落户20年，基本上都是五子登科：戴博士的帽子，开名牌的车子，挣花花的银子，买豪华的房子，生大胖的儿子。回去的生活条件，倘若好不过眼前，差一些也能接受，毕竟对这一代人来说，追求事业上的开拓创新和精神上的满足快乐高过物质享受。有条件自己创业的自己创业，有机会外派的争取外派，至少外派合同一签，可以在中国体验两三年的海归生活。如果这两样都没有可能，那只好闲来唱唱《妈呀！中国》，继续在北美过中产阶级的生活，遗憾“归不去了……”

“80后”海归

不知什么时候开始，“80后”，这个以生辰年份划分的群体悄然崛起，逐渐成为一面旗帜。虽然坊间和学院派对此各有说法，但这个符号却越来越醒目，个性张扬。相比之下，70后、60后、50后都显得面目模糊、棱角不清。

80后被关注从作家开始，接着有80后总裁、80后市长，如今又出了个80后的作协主席。当然，还有不容忽视的80后海归。

对新海归来说，没有家庭孩子的累赘，没有动产不动产，名誉地位的牵挂……来去自由，比“老革命”的问题少。但是，新海归也有新问题。他们多数求学两三年，海外学成即归来，没有海外工作经验，更谈不上西方文化的浸淫。如果搁在钱钟书那个时代，这样跑一趟好歹还算是“镀金”或者“镀银”的话，可到如今，只能算是“涂酱”了。据说这些“速成海归”被喻为“留学沙拉”，在国外学习像拌沙拉，外面涂了沙拉酱，里面的苹果还是苹果，黄瓜还是黄瓜，味道根本没进去。

据教育部的一项统计，1999年内地当年送出的留学生为2万人，2008年这一数字变成了20万人，回国就业的海归这几年以20%以上的速度增长。从供不应求到供过于求，“海归”这个牌子的分量自然下降。过去人们常说“海龟”（海归）变“海带”（海待），现在，人们又把“海带”改称为“海豚”了，意思为回来后就“囤积”在家。“其实很多高素质海归根本不愁找工作，遭遇‘求职难’的海归多数是自身有某些不足。”从事留学咨询近10年的娄永安分析认为，很多学生出国时目标不明、心态不正，盲目留学，严重影响了后来的发展。

所谓“出国时目标不明、心态不正，盲目留学”，其解是：不少家长送孩子出国是为了逃避国内的高考。孩子学习成绩差，家长想不出其他办法，以为花钱把孩子送出去就万事大吉了。娄永安说，这些学生因为成绩不好，又不肯努力，很难进入国外的好学校。加上一些不负责任的中介的诱导，多数进入了所谓国际学校甚至“野鸡”大学。几年之后，孩子花完父母的上百万元巨款，拿到一张不入流学校的洋文凭甚至假文凭。他们在国外找不到工作，回国后同样找不到。

Vivian

达拉斯朋友的外甥女Vivian，也属80后海归，但不属于娄永安所说的“出国时目标不明、心态不正，盲目留学”之流。Vivian2007年7月毕业于厦门大学国际经济专业，经济学学士，广告学第二专业，学士。2009年5月在美国密歇根州立大学广告学专业获得硕士学位，2008年获得密歇根州立大学Kellogg“新品牌，新创意”营销计划大赛“最佳广告”奖。在厦大期间，曾获国家奖学金，在国内外创业计划大赛，营销创意大赛中均获相当不俗的成绩。小灵说，最让她骄傲的是她办杂志的经历，本科创办了校区第一份学生刊物《博闻》，从赞助、人员招募到审核出版一手策划，像自己的孩子一样用心经营两年并成功交接，被中国移动评为福建省十大校园媒体。

Vivian尚未出国我就耳闻她出众的才能。到了美国，又陆续听到她在学校种种优异表现，以及趁寒暑假在美国走南闯北的大胆经历，最后，在达拉斯一睹小才女的风采。毕业后，Vivian在达拉斯居住了5个月，早出晚归，工作十分努力，但最终由于美国近年经济不景气，工作不理想，

在美国求学时的Vivian

于是决定归来，暂居上海。之所以选择上海，是因为她喜欢上海的情调。Vivian的美国同学也都在上海找到工作，南京路是他们的聚集地，过去的十里洋场，今日更显繁华。她对我说，“阿姨啊，外企、国企、高校，我都投去求职信……我相信只要我愿意，就可以做好任何一份工作……当然，我也会做好思想准备，从基层做起……我的很多朋友也都告诫我了，期望太高难免失落。”

美丽、聪慧的Vivian，在谈起市场规划和广告时，理性精明得像个小女强人，可是一上街购物，见到各种名牌，她又感性糊涂得像个小女孩。海归后第一个万圣节，Vivian与在上海的新老朋友尽情地过了一个快乐的晚上——化装舞会。

就业是个问题，但不是最大的问题。海归是当前的目标，但不是最终的目标，中国和美国，对Vivian来说，来去自如才是最佳的选择。

丁林林（Calvin）

丁林林是我在达拉斯朋友的儿子，知道他海归了，在上海工作，想约他见面聊聊。约见丁林林的地点选在淮海中路的中环广场，时间定在中午12点到下午两点。林林的办公室就在中环广场的楼上。午饭时间做采访，尽量不影响他的工作。最近这段时间中美在打贸易战，反倾销，他和律师事务所的同事们都忙得昏天黑地。

“阿姨好！”一见面，林林就微笑着大方地与我握手，礼貌是欧美医生、律师讲究的分寸，这是业内同行熟悉的招呼方式，林林一下子就给我热忱、自信、可靠、专业的好印象。我在心里马上给这个受访者做调整，他不是像他父亲介绍的刚刚走出校门的男孩子，也不像照片中那个有些拘谨、有些严肃的美国律师。

“我太喜欢中国、太喜欢上海啦！对于回国这个决定，我认为是我一生中做的最好的决定。林林几乎是雀跃地开始讲述他的故事："你知道吗，我在上海一年半，回美国探亲度假，感觉什么都没变，电视还演那些节目，周围的商店还卖我离开以前的那些东西……可是，我才离开上海两三周，我住的地方就有旧店倒闭，新店开张……上海是一个时刻在变化的地方。对于年轻人而言，变化就是机会……我也喜欢在人多热闹的地方生活。"

1981年，林林在北京出生，4岁随父母去了美国，小学在达拉斯就读。中学时代因母亲被美国公司派回北京，于是他跟随母亲在北京55中学读了两年初中。1995年返回美国读高中和大学。2003年获得康奈尔大学（Cornell University）双学位（政治和经济）。2007年获得明州法学院 （University of Minnesota Law School）法律博士，同年取得美国律师资格。法学院毕业以后，林林在美国贝克·丹尼尔斯律师事务所从事律师执业，主管中国业务。

在这一年中，他发现自己流利的中文口语，不错的阅读和书写水准，与其在美国从事中国业务，还不如直接回中国去工作，于是，在2008年下半年，他换了工作海归，定居上海。林林说，他的中文水平一般情况下没问题，只是在起草合同时，需要和中国秘书一起推敲字句后定稿。有这么好的中文程度，他很感激在家里父母一直坚持和他说中文，以及北京55中学那两年的经历。也就是这两年在北京读书的中文训练，奠定了他海归工作生活的语言基础。当然，还有一个很关键的因素，是一位美国资深律师的开导，让他下了海归的决心。

当时林林还在读法学院，学校经常请美国各地有成就的律师来作讲座，一位白人律师对他说，你要是能知道自己的专业特长，并能把这种特长最大限度地发挥出来，那就无人能敌、无人能替代了。这位律师进法学院之前学的是机械，后来他选择做专利律师，成了同行中的翘楚。

出生在北京，又在北京读过两年初中的林林，却没有选择在北京发展。他说，“北京是政治文化的中心，而上海是金融贸易的中心，我的专业，在上海更有发展前途……我也喜欢上海的格调，文化多元而包容。”

当然，回来也方便在祖国大地四处观光，寻访名胜古迹。林林说，他最喜欢旅游，回来后已经去过好几个城市了，包括无锡、南京、苏州、杭州、宁波、深圳、梅州、顺德、广州、汕头、济南、沈阳、重庆等。每个地方都有自己独特的文化和历史背景。比如，梅州是客家文化的基地。到了梅州参观了客家博物馆，了解到了客家人吃苦耐劳的精神，对他是一种启发。他也喜欢看电影，主要喜欢的是张艺谋的电影和美国50年代的老片子。

在上海工作生活不到两年，无论是事业还是生活，林林都能很好融入。他对自己当初海归的明智选择满意极了，作为刚毕业两三年的律师，若是在美国，还只有看文件、抄写条文的份儿。现在的他，不但有权力自己起草文件，还能见客户，甚至还有能力拉客户，逐步建立起自己的业务王国。现在的林林还只是律师事务所里的雇员（associate），不久的将来，他的目标是以自己优良的业务和众多的客户，成为律师事务所的合伙人（partner）。他说，我的强项就是双语双文化的背景。我可以在美国找到

* Calvin觉得，海归后事业和生活都能很好融入

一份好工作，但我不容易脱颖而出，我没有优势。但是，在中国就不一样了。美国有很多好律师，但他们在中国的文化氛围中，未必能很好的发挥才智。中国也有很多好律师，但很难得到外国人的信任，由于文化背景迥异，甚至还有误会和误导。

这很好理解，二战之后，西方的历史学家和社会学家对希特勒的研究都细致到了牙齿。可是，对日本侵华的事实却置若罔闻。虽然无数华文作家书写了真实而悲惨的历史，声讨日本人侵中国的事实，可是，他们却以为这是东方国家在自说自话，各自杜撰故事。直到张纯如出版了英文著作《南京大屠杀》。她以美国华裔的身份、美国成长的背景，以及书中引用美国在中国的传教士的日记……作品得到了西方历史学家和社会学家的肯定，令西方社会大为震惊，接受了这个铁的事实，"南京大屠杀"被西方人写入二战的历史中。

"我可以为中国做很多事。中国正在腾飞，正走向世界，我熟悉西方的文化和法律，我可以在商务、金融的各种法律条款上给予很多参考意见。最近我刚发表了两篇文章。一篇是关于风险投资的，另外一篇是关于衍生品的……阿姨，我很爱国的！"

我一直在静静地听，默默地记，林林最后的感叹让我笑出声来。虽然他一口一个阿姨，但实际上并没有把我当长辈，更像是志同道合的同行朋友，整个采访过程快乐、轻松、自由。

我问他，"你知道么？你父亲希望你能在中国早点成个家。"林林笑了，他说这是他父亲盼望已久的事情。对于这个问题林林说他自己也希望找一个中国姑娘。

林林说："阿姨，我认为中国女性是世界上最优秀的女性。善良、大方，富有爱心是中国女性的传统美德。"

我又问："律师一般都是高薪群体，你的工资怎么花？"他一听急了：

"阿姨，我花钱很省啊……我得交美国和中国两边的税，我得还读法学院的贷款，上海的房子好贵，头期就要一百万！"

我一听心软了，说午餐阿姨请你了。

他一听更急了："不行，说好是我请你的。"

没有多少岁数，却有极好的涵养，就餐期间，服务不周，林林代为道歉。采访完毕，我对他说，马上要开会，你先回办公室吧，我自己走。他却执意要送我去打车。我说还想在中环逛逛。他立刻明白了我的意图："最近很多新款女装，阿姨可以随便看看。"望着西装革履、意气风发的年轻律师远去的背影，我心说，这样一个出色的坚强的人，心跟明镜似的，他自己什么都可以搞定的。

上海世博会的幕后推手李媛和王剑涛

——献给一起走过上海世博会筹备历程的世博人

中国2010年上海世界博览会（简称：世博会）举办时间为2010年5月1日至10月31日，为期184天。世博会会徽以中国汉字“世”字书法创意为形，“世”字图形寓意三人合臂相拥，状似美满幸福、相携同乐的家庭，也可抽象为“你、我、他”广义的人类，对美好和谐生活的追求，表达世博会“理解、沟通、欢聚、合作”的理念和上海世博会以人为本的积极追求。

世博会的吉祥物海宝，寓意“四海之宝”，它以“人”为创意核心。“人”既是美好生活的创造者，也是美好生活的体验者。世博会的口号“城市，让生活更美好”，这是有史以来，第一次以“城市”为主题的世博会。目标邀请200个国家和国际组织参展，吸引7 000万人次观众参观，日均40万人次。室内活动场地总共可容纳观众约35 500人，室外活动场地总共可容纳观众约35 000人，活动场地每天吸纳的参观者总数将20万。

世界博览会是由一个国家的政府主办，有多个国家或国际组织参加，以展现人类在社会、经济、文化和科技领域取得成就的国际性大型展示会。其特点是举办时间长、展出规模大、参展国家多、影响深远。自1851年英国伦敦举办第一届展览会以来，世博会因其发展迅速而享有“经济、科技、文化领域内的奥林匹克盛会”的美誉。按照国际展览局的规定，世界博览会按性质、规模、展期分为两种：一种是注册类（以前称综合性）世博会，展期通常为六个月，从2000年开始每五年举办一次；另一类是认可类（以前称专业性）世博会，展期通常为三个月，在两届注册类世博会之间举办一次。注册类世界博览会不同于一般的贸易促销和经济招商的展览会,是全球最高级别的博览会。

2010年上海世博会的活动

上海世博会的活动几乎都在各种各样的展览馆里举办,这些展览馆中,有“中国馆”等有各国文化特色的展览馆;还有具备了绿色、节能、环保功能的展览主题馆以及世博演艺中心。

世博演艺中心包括以大型中央舞台为主体、拥有18 000座观众席的大型多功能室内演艺场馆以及相关配套设施。观众席可以根据演出需要和观众容量在4 000座、8 000座、12 000座、18 000座中进行选择变换,舞台可以根据演出内容进行组合,为各类演出提供巨大的舞台设计空间和艺术创意想象空间。

上海世博会的活动,不包括参展者举办各类商业活动,仅仅统计为期184天的世博会的文化演艺娱乐,活动之多就令人惊叹——世博园区规划的公共活动场地有32块,按每天每块场地举办三至五场活动计算,每天园区内举办的各类活动将近100场,总量超过两万场。

两万多场的文艺活动可分为两类:组织者组织与参展者组织。

组织者组织又可细分成:重大庆典活动仪式类(包括:开幕庆典、闭幕庆典、中国国家馆日活动、开园仪式、开闭园活动)、巡游类(欢乐盛装大巡游)、原创类(原创剧目)、主题类(包括三民活动、节庆活动、年轻的世博、社区市民活动)。

参展者组织分两类:一类是国家馆日/特别日/省市区活动周活动类(包括:国家馆日活动、国际组织特别日活动、城市特别日活动、企业特别日活动、省市区活动周)。另一类是日常活动类(包括:世博主题月、其他日常活动)。

世博会对这些活动的要求是，展示各国文化创新的成果，传承世界文明，弘扬民族文化。基于前几届世博会的成功经验，对遴选和编排节目，设定了七个参考依据：

1. 主题（世博主题秀，“城市，让生活更美好”）。

2. 首演（原创剧目，全球首演、亚洲首演，或者中国首演节目）。

3. 名人名团（世界著名乐团，享誉全球的名作，由大众熟知的艺术家和演出团体表演的节目）。

4. 本土特色（具有非常鲜明的本国、本地区、本民族特色的民间民俗节目）。

5. 时尚（“年轻的世博”等，引领全球流行元素、深受各国青少年欢迎的节目）。

6. 奖项（在本国或国际上获得过重要奖项的节目）。

7. 街头巡演（浦东“世界游”、浦西“地球游”等为游客喜闻乐见的巡游表演和小丑表演的节目）。

已经成功策划并举办的活动有：

1. 会歌：2007年4月30日，中国2010年上海世博会启动音乐全球征集，包括会歌、志愿者歌曲和声音标识征集。已结集出版的《唱中华心声迎世博盛会——华侨华人之歌》征集歌词选中，就有上海女作家程乃珊和新加坡海归作家蓉子的题词。

2. 吉祥物：2007年1月，中国2010年上海世博会启动吉祥物设计征集。截至5月31日，全球21个国家和地区的26 655份作品应征。2007年12月18日，世博会吉祥物“海宝”正式揭晓。

3. “世博进社区”系列活动：此活动于2007年8月启动，将历时三年。开幕前，面向上海和长三角主要城市的社区，通过每月一次的文艺演出、知识讲座、巡回展览等主题日活动，打造生动的舞台、流动的讲台、互动的展台和移动的柜台。开幕后，举办上海社区文化展示周、世博文化社区行等活动，让市民"近距离"地感受世博，了解世博和参与世博。

4. "放歌世博"活动：此系列活动2008年2月启动，至今已举办了谭咏麟新春演唱会、塞琳迪翁中国巡演等多个有影响力的活动。"放歌世博"系列音乐活动通过借助明星传唱世博歌曲，带动海内外年轻人关注世博会，推广世博会和参与世博会。

如此庞大的活动量，如此高的活动要求："成功、精彩、难忘"，策划者们不说有三头六臂，也应该是奇人。

一个女人的舞台：美国海归李媛

一个性格活泼外向、喜欢求新求变、爱好文艺、最想当节目主持人的女生，她应该选择什么样的大学？专业和未来的职业又将如何选择？

李媛，一个美丽活泼的西安女子，她对我说，高中毕业，那个一切父母说了算的年代，父母为她包办选择了大学和专业，学的是机械，一个她完全陌生和不喜欢的专业。全班30人，女生寥寥无几。毕业之后当教师，也不喜欢，几年下来感觉不能发挥她的兴趣和特长，于是毅然辞职到了中国最早开发的特区深圳——80年代刚刚腾飞的深圳，正合年轻李媛的胃口。她的公关和社交能力在深圳得到了充分发挥。

俗话说，十年看深圳，百年看上海，千年看北京，三千年看西安。

李媛是倒过来看，揣着三千年厚重的西安历史与文化，到深圳却如鱼得水、长袖广舞。

当然，像李媛这样的女子，视野开拓之后，雄心也逐渐强大。她不会只满足看深圳，她还要看美国。1997年，她抛弃深圳所有的名利，去美国深造，一鼓作气拿下到MBA和IT两个硕士学位。2002年，一个偶然的机会，她当了海归，不久之后就到上海世博局工作。

在美国五年，李媛有四年的多数时间是在位于德州的达拉斯度过。她还是达拉斯著名社团ACP（美中专业人士协会）的理事。同样是达拉斯的居民，同样服务过ACP，马上拉近了我们之间的距离。

活跃的思维、跳动的情绪、欢快的话语……在她一路叙说的间隙，我笑着问她："你一定是水瓶座的。"她脆生生的嗓音戛然而止，惊奇地反问我："哎呀，你怎么知道？"

怎么知道？我说，看你就像看到我自己呀……我也是水瓶座的。

这个李媛，就是走过上海世博会万场活动筹备历程的策划者之一。

1989年初，李媛离开故乡西安到深圳求发展。她的事业是顺利的，从外资企业到合资企业再到政府部门，一路绿灯，畅通无阻。在政府当官员，不久之后，旱涝保收的生活让李媛感觉厌倦了，她想去更远、更有挑战性的地方。于是选择了美国。

1997年至2002年，李媛在美国当学生，在拿学位的同时，她还在一家跨国公司兼职做marketing（市场营销）。工作得心应手，生活安定舒适，可没多久，李媛却发现，美国的生活过于安逸稳定了，满足不了自己求新求变的需求，她开始怀念深圳生活，尤其是中国日新月异的发展变化使平静多年的她，开始滋生归去之心。

2002年，正好深圳政府组织代表团到达拉斯招聘金融、高科技人才，李媛抱着探望故乡人的心情走进了招聘团。领导的召唤，朋友们的期待，深圳发展的宏伟愿景，深深地吸引了她。结果相谈甚欢，她立刻请了三周的假期飞回深圳，与市长谈创意。最终，她选择了"第三届中国国际高科技成果交易会"的筹备工作。她策划的这届交易会首次增加了中国高新技术产业与国际资本市场的互动板块，英美等十几家著名证券交易所参与的第一届金融论坛出炉了。这次活动的成果使她彻底决定放弃美国安稳的生活，回到祖国。假期结束之后她就再也没有回美国公司上班——

* 李媛在办公室

辞职了。李媛又成了深圳人。

隔年，一则上海世博会的全球招聘广告又一次改变了她的人生轨迹。有一位朋友从美国打电话告诉李媛，上海世博会事务协调局（以下简称上海“世博局”）正在招聘展事和文化活动部活动策划公共关系高级主管，主要职责是具体策划举办期间各种活动、演出以及各项活动的组织协调工作；制订相关的活动演出计划与时间表；负责与组委会、执委会、局相关部门，相关外部机构的日常联络和业务沟通……一个很适合她的职位。

再一看任职资格：

1. 新闻传播、公共关系、文化管理等相关专业本科以上学历。

2. 受过广告、公关、新闻传播、市场营销、创意等方面的系统培训或实战训练。

3. 三年以上大型文化娱乐/公关活动/新闻传播活动的策划、组织、实施经验。

4. 有一定的项目管理及会展管理知识和技能。

5. 具备较强的活动创意和创新能力。

6. 较强的语言和公文写作能力。

7. 良好的英语口语、书面表达能力。

8. 熟悉操作办公软件、相关项目管理及专业设计软件。

八项要求样样符合，简直就是为自己特设的职位么。于是李媛又心动，前去应聘，中文英文、笔试口试面试和才艺考验，过五关斩六将，偌大的一个舞台，又成了她施展才华的好机会。

上海世博局于2003年10月30日成立，主要承担上海世博会执委会在决策、协调中的日常工作；进行上海世博会筹备工作的日常组织管理；负责组织协调与上海世博会有关的对外合作与交流活动以及上海世博会的运营工作。李媛成了世博会园首批招聘最初的29位筹备创园人之一，其中百分之九十是海归，他们与最早的申博（2002年12月4日申博成功）成员一起，成为世博会园的中坚力量，至今六年。这些年，他们参与了上海世博会会徽的征集评审、口号征集、吉祥物征集评审、参展方演艺活动的组织等工作，与上海世博会的筹备风雨同舟……

一个男人的战场：加拿大海归王剑涛

采访王剑涛地点定在世博局。世博局是上海世博会的心脏，保安工作严密。我只能在大厅里等着，有人来接应，方可入内。

为了守时，我常常需要早到，因为上海的路况是最不可测的，我只能先下手为强。

在世博局大厅里坐了一会儿，四处查看了一下，我掏出手机，准备给王剑涛发短信，“我到了……”还没按发送，一个很帅很精神的男人从我对面的座位上站起来：“请问你是施雨女士吗？”

记得第一次来采访李媛，新奇得不得了，东瞧西看一下子就比约定的时间过去了十分钟，看见李媛从远处楼梯口快步走过来，开口就说，“哎呀，施雨，你早到了怎么不打电话给我？……真老实！”

这次我比较不老实，在电梯里就开口问话了：“看你的简历那么丰富，跨国企业、政府机构、上市公司、私人企业，又曾在加拿大、新加坡和英国工作。你一定是个思维很活跃，喜欢求变的人。”

王剑涛笑了，说本来我以为什么事都需要从一而终的，可是，事实上不是这样的……看他在斟酌字句，或许他吃不准我对此是褒是贬，于是我干脆以赞赏的口吻说，三五年就换一类工作，高级工程师、项目经理、研究员、总经理……在上海世博局也转战了几个部：研究中心、战略规划部、主题演绎部、国内参展部……很有挑战性啊！至少证明你的学习和适应能力很好。王剑涛一听，哈哈大笑，这位高级主管的话匣子就此打开。

1984年，王剑涛毕业于上海交通大学生物医学工程专业，1987年获上海交通大学电子信息工程专业工程硕士学位，同年在上海医科大学基础医学院任讲师。1992年在英国莱斯特大学（Leicester University）获人工智能和信息工程工程博士（Ph.D.）学位，同年在新加坡南洋理工大学电子工程学院（NTU）任研究员。随后在新加坡摩托罗拉公司（Motorola）任高级软件工程师。2000年在加拿大麦吉尔大学（McGill University）获工商管理硕士（MBA）之后，任职于加拿大爱立信公司（Ericsson）。

从生物医学工程学士、电子信息工程专业工程硕士、人工智能和信息工程工程博士、到工商管理硕士……跨科越多心眼越活络。在掌握了这么多技艺之后，王剑涛自然就不老实了。尤其是学了MBA，眼界更宽了，对市场、金融、管理心里有了底，胆子就更大了，虽然那时他还不知道下一步该怎么跨越，但一颗不满足的心显然在蠢蠢欲动。

花了十多年时间看遍北美、欧洲、东南亚之后，王剑涛自然就把目光投向自己当初来的方向——中国大陆。当时，广州每年12月份都举办留学生项目交流会，吸引海归。王剑涛利用圣诞新年的假期到广州参会，与企业家们一拍即合。2001年1月就到广州新太科技股份有限公司就职，任企业发展与创新中心总经理，任务是中心筹建、企业发展战略设计、研发规划、企业资本运营(兼并收购)、软件外包开拓、国际合作、知识产权体系建立、软件开发标准体系建立、企业国际标准体系建立、企业政府公关、企业日常运行管理等。

总经理最烦琐的是企业日常运行管理,包括研发、市场、工程、后勤、考核、公关……各部门之间的协调,与政府、媒体的合作等。最难的部分是知识产权体系的建立,当时国内这方面几乎是空白。知识产权并非软件著作权登记完就完了这么简单。王总经理要培养从各层领导到员工的产品保护意识,包括对自己开发的产品和使用别人的产品。

2003年,由于家庭原因决定回到上海,所以,他又离开了广州,到上海诚信海外人力资源有限公司任总经理,负责公司建立、国际国内业务开拓等工作。2003年底,王剑涛在当地的报纸上看到半版上海人事局招人的广告:上海世博局建立,需要国际性人才,全球招聘……几轮笔试、口试统统顺利过关,一举攻占世博局的"战略规划部",军衔:高级主管。2004年,他成了世博局最早公开招聘的一批国际人才之一。

王剑涛又开辟了他的最新疆场——上海世博会事务协调局,2004年至2006年,他主要参与世博会筹办的前期工作中,协调起草向巴黎国际展览局提交的必要法律注册文件——注册报告,几百页的英文、法文版本,其中包括世博会建设的理念、园区规划、媒体推介和宣传计划等。注册报告经过国际展览局全体代表会议的通过,上海世博会的申办程序才算在法律意义上完整。

之后,王剑涛转战研究中心、主题演绎部、国内参展各部,主要工作:项目管理、国际合作、国内省区市参与世博会工作协调、政府公关、专家资源管理、网上世博会项目管理等。同时,他还与上海社科院、国际经济研究所、上海图书馆等单位合作,开展"城市未来发展"等课题研究,并在国际国内刊物、书籍、会议论文集中发表论文20余篇。2004—2006年连续两年荣获上海世博局优秀员工，并获上海世博局行政嘉奖。

上海世博会的意义

在没有采访王剑涛以前，我对世博会的概念是展销会加文艺表演，丰富当地群众的生活，最多因为买卖交易获得些商品利润，如此而已。

王剑涛对我的认识表现得很宽容，他笑着说，很多人都这么想，像个大派对。但这个大派对可不是一般水准的派对，是世界各国科技与艺术巧妙融合的展示，是创意大比拼。譬如波兰馆，他们把剪纸艺术用在外墙建筑的设计中，非常美观。发达国家有他们高科技的精彩与惊奇，发展中国家也有他们淳朴浓郁的文化风味，这是世界各国文化文明交流的平台，他们带来了各民族优秀文化。不出国门，看遍世界。这多难得啊。国外不少人在回忆文章中写到，曾经参加某次世博会，印象极深，改变了自己的思维方式。

* 王剑涛摄于世博园

“曾经有人做过调查，历史上的世博会，从经济的角度来说，一次世博会，可以对这个城市和它周边的地区长达20年的经济促进作用。”王剑涛话一出口，我的眼镜差点掉地上。而他继续不紧不慢地说：“上海世博会是有史以来最大规模的一次。预计将来其他国家很难超越……这就是为什么，虽然各国目前经济都不景气，却没有一个国家愿意放弃这个机会。他们要来看看中国的经济繁荣，他们也将给上海的经济繁荣带来深远的影响。”

“两万场活动，一天平均一百多，如何调度协调？安全设施与客流引导如何？”办过活动的人，特别能体会办活动的艰辛和麻烦。

“夏天的温度最能考验人的耐性。”王剑涛说：“室外排队的地方，我们有喷雾降温设施，还有即兴表演等各类形式的活动来驱散人们在烈日烘烤下的烦躁。游客安全，是对设计人员最大的挑战。我们有应急机制，世博会前也会有压力测试……各系统协调，现在是最后的冲刺阶段了，我们的口号是5加2，白加黑……”

“那就是全天候待命，按需工作了？”我问。

“是。”王剑涛的回答干脆利落。这时候，他完全像海军陆战队的军人。

对于每一位受访者，我几乎都要问他们对上海和海派文化的印象。每个人的见解都有独到之处，而以王剑涛的说辞最艺术、最动听，也最能让我和读者接受。他说，其一，上海开放、多元化，因为较早开埠所带来西方文化的影响，与国际接轨较早，带来商业文化的国际化、规范化，这也是为什么这么多人愿来上海经商、创业，因为有一个相对公平的竞争平台。其二，相对宽容、包容的文化氛围，这是一个成熟城市的文化表现。三，上海主导经济发展以国有企业为主。当然，这也导致上海的服务行业发展相对缓慢，也是上海下一步发展的方向之一。

说到外地人眼里上海人的“势利”，王剑涛解释道：“作为面向全球的城市，上海有开放、大气的一面，也有市民文化气息浓厚的一面，他们对成功人士的认可，多从物质、经济方面去考量。他们愿意接纳成功人士，也愿意把自己划到他们一个圈子里，成为朋友。上海人不以地域取人，不乱攀老乡乡情，或者酒肉朋友，而是以能力取人。有能力的人外化的表现往往是财富和地位。”

其实，无论东方还是西方，任何国家和民族都认同强者，只是强者的定义不同而已。在上海，英雄不问出处，就看你富不富。

问及海归生活不习惯的有哪些方面，王剑涛说，对生命价值的轻视，商业文化的城市更需要人文关怀，对人的尊重，对自然的敬畏。

他说，希望上海更富裕、更优雅、更从容。

我也怀着同样的期待。

后记

1843年上海开埠，1851年在英国伦敦举行第一届世界博览会，1855年中国首位留美学生容闳从耶鲁大学获得学士学位后海归。一个半世纪之后，2010年我在上海世博之年写作《上海“海归”》，真是无巧不成书。

城市也像人，外有相貌，内有性格。我喜欢旅游，尤其迷恋有文化内涵、历史渊源的城市，所以，成年以后我所到过、或者居住的城市，基本上都属于这样的类型。从前当学生的时候，非常向往到国外去：纽约，东京，巴黎，彼得堡，都是一些不能不去的地方。现在，应该加上一个：上海。

如今，当繁荣的中国引起全世界的关注，上海以她优雅、丰富的文化内涵与成熟、开放的经济模式强烈吸引着“海归”。各路“海归”又把西方的人文带给上海，为海派文化加入新鲜的元素，这个互动发展的过程，丰富了新时代海派文化的内涵。

本书采访了各行各业近30位海归，年龄跨度从20后到90后，衷心感谢他们的大力支持，在不长的时间里，共同完成这本书的写作。更要感谢“海派文化丛书”主编、上海海派文化研究中心主任李伦新先生，文汇出版社社长桂国强先生，是他们让我有幸成为这本书的作者，使我有机会与这么多“海归”和读者成为朋友。当然，也感谢我的先生施林选择了回上海创业，以及两个儿子的理解与配合。

跋

近来十分流行"创意"二字，如美术创意、建筑创意、文学创意等等，因其名目繁多而目不暇接，又因大多陌生而超然处之。但上海大学海派文化研究中心主任李伦新同志提出编辑《海派文化丛书》的创意使人精神一振，耳目一新，对我们从事文化工作的人来讲，正是思之无绪的良策，事之无措的善举。

此创意特色有三：

一是纵横驰骋，自成体系。该系列丛书将由海派书画、海派戏剧、海派建筑、海派文学、海派电影等方面近三十本书组成，基本囊括了能反映海派文化的各个领域，其中6本书在2007年8月的上海书展上面世。此后每年出版7至8本，争取在2010年出齐，向世博会献礼。

二是叙述简洁，形式新颖。上海，不管你是否喜欢，它在近两百年内迅速发展成为一个国际大都市，并在中国占有重要地位的事实是无可置疑的。因此，上海是一个世人瞩目的、值得研究的、又众说纷纭的一个课题。论述上海、反映上海的书籍纷繁浩瀚，它们各有见解，各具特色，拥有各自的读者。有的是学术性的，史料翔实，论证严密，但曲高和寡；有的是文学性的，情节曲折，故事生动，但内中难免掺杂作者个人的情感，而有失公允；有的是纪实性的，历史掌故和人间悲欢离合尽收其中，但珠玑散落，难于荟萃。丛书力图博采众长，“合三为一”，以纪实为主，兼顾史料的真实和文字的优美，并采用图文并茂的编辑方法，使之成为一套新颖的研究上海，介绍上海的书籍。

三是内容丰富，面向大众。丛书对海派文化的各个领域，诸如：戏剧、书画、建筑、文学、风俗等，既有宏观的研究与阐述，又有具体的描绘与剖析，向读者展示了一幅绚丽多彩的海派文化起源、发展、形成、深化的历史长卷，令人信服地得出这样的结论：海派文化造就了被誉为“东方巴黎”和“东方明珠”的上海，形成了“海纳百川”、“精明求实”、“宽容趋新”等上海人的社会人格。丛书既是研究上海的学术著作，又是介绍上海的通俗读物，具有书柜藏书和案头工具书的双重功能。

上海市对外文化交流协会是进行中外文化交流的专门机构，以弘扬优秀传统文化和汲取世界先进文化为己任。协会成立20年正是上海改革开放取得辉煌成就的20年。协会乘势而为，解放思想，开拓进取，积极拓展外联渠道，构筑中外交流的平台，广泛开展国际间的社会科学、金融经济、科学技术、文化艺术交流，增进同世界各国人民的友谊和理解，成为上海的一个有影响的中外文化交流的窗口。我们在获悉丛书的编辑思想和出版计划时，就感到双方是心心相印的，所以决定对丛书出版给予经济上的支持。我们认为此举是对建设上海文化事业的支持，是对弘扬民族文化的支持，也是对自身工作的支持。

因为工作的缘故，经常有外国朋友赠送一些介绍他们的国家或城市的书籍。这些书籍装帧精美，内容言简意赅，形式图文并茂。由此联想，在丛书中选择若干本或若干章节翻译，汇编成书，那也是一种十分可取的介绍上海和宣传上海的内容和形式，特别对于将在2010年举办世博会的上海来说尤为如此。

本丛书的出版已引起有关单位的重视和关注。文汇出版社已将本丛书列为2007年出版计划中的重点书，并配备了业务能力强的文字和美术编辑；外宣部门认为这套丛书是很好的外宣资料，是世博会的一个很好的配套工程；有的图书馆反映查阅上海资料的读者日渐趋盛，这套丛书的出版适逢其时，将为读者提供更多的方便。

还必须强调的是丛书的编辑和出版也得到了作者的大力支持。去年年底，编委会召开部分作者参加的笔会，其中不乏畅销书的作家，编委会对他们提出了创作要求和交稿时限。尽管要求高、时间紧，但是作者均积极配合，投入创作，为第一批丛书在2007年8月的书展上与读者见面创造了条件。为此，有的延误了申报高级职称的机会，有的推迟了其他的创作计划，有的不厌其烦数易其稿。

天时、地利、人和似乎都护佑着丛书的面世。丛书是时代的产物，是集体智慧的结晶。

2007年7月

（本文作者为上海市对外文化交流协会副会长兼秘书长）

图书在版编目（CIP）数据

上海"海归"／施雨著. — 上海：文汇出版社，2010.5

ISBN 978－7－80741－854－2

Ⅰ.上…　Ⅱ.施…　Ⅲ.传记文学—作品集—中国—当代　Ⅳ.①I25

中国版本图书馆CIP数据核字（2010）第052865号

上海"海归"

作　　者／施　雨
丛书主编／李伦新
责任编辑／闻　之
装帧设计／周夏萍

出版发行／文汇出版社
上海市威海路755号
（邮政编码200041）
经　　销／全国新华书店
照　　排／南京展望文化发展有限公司
印刷装订／上海译文印刷厂
版　　次／2010年5月第1版
印　　次／2010年5月第1次印刷
开　　本／640×960　1/16
字　　数／160千
印　　张／14

ISBN 978－7－80741－854－2
定　　价／28.00元